Peter Gutjahr-Löser

Staatsinfarkt

Wie die Politik die öffentliche Verwaltung ruiniert

Rasch und Röhring Verlag

Die Deutsche Bibliothek – CIP-Einheitsaufnahme

Gutjahr-Löser, Peter:
Staatsinfarkt: wie die Politik die öffentliche Verwaltung
ruiniert / Peter Gutjahr-Löser. – Hamburg: Rasch und
Röhring, 1998
ISBN 3-89136-657-4

Copyright © 1998 by Rasch und Röhring Verlag, Hamburg
Großer Burstah 42, 20457 Hamburg, Fax 040-371389
Umschlaggestaltung: Peter Albers
Satzherstellung: KCS GmbH, Buchholz/Hamburg
Druck- und Bindearbeiten: Ebner, Ulm
Printed in Germany

Inhalt

8. Konkrete Konsequenzen

Beispiele für konkrete Ansätze – etwa zur Bewältigung der Hochschulprobleme und zur Finanzierung der Krankheitskosten – müssen da ansetzen, wo Bürokratie vermieden werden kann, nämlich bei der Mobilisierung der Marktkräfte.

9. Eine neue Rechtskultur

Das Recht darf nicht mehr vorrangig als Instrument zur Durchsetzung egoistischer Ziele, sondern muß auch wieder als Regelungssystem für das Gemeinschaftsleben begriffen werden. Nicht hysterische Bewahrung von Besitzständen, sondern Common sense ist erforderlich.

10. Grundzüge eines Programms

Nur eine radikale Verringerung der geltenden Vorschriften und vor allem die Rückkehr zu einer klaren Verteilung der Zuständigkeiten zwischen Bund, Ländern und Gemeinden sowie der davon abhängigen eindeutigen Verteilung des Steueraufkommens können einen Ausweg bringen. Gelingt eine solche Reform, führt sie zu einem bedeutenden Abbau überflüssiger Staatsbetätigung und zur Freisetzung erheblicher Ressourcen, die in produktiver Weise genützt werden können.

Anmerkungen

Vorwort

Dieses Buch ist eine polemische Auseinandersetzung mit der Entwicklung unserer öffentlichen Verwaltung. Sie stimmt nicht in den überall zu hörenden Chor ein, die Mitarbeiter in den deutschen Amtsstuben müßten endlich aus ihrem Dauerschlaf geweckt werden, in der Bürokratie gehe es vor allem darum, das Leistungsprinzip einzuführen, und die zahlreichen Privilegien der Angehörigen des öffentlichen Dienstes seien überlebt.

Der Verfasser ist vielmehr der Überzeugung – und versucht dies an Hand möglichst konkreter Beispiele zu belegen –, daß Ursache der wuchernden Bürokratie die kaum noch zu bremsende Manie der Politiker ist, alles und jedes zu regeln: durch Gesetze, Verordnungen, Dienstanweisungen, Satzungen, Allgemeine Geschäftsbedingungen, DIN-Normen, Unfallverhütungsvorschriften und was es dergleichen noch alles gibt.

Diese Regelungen schaffen aber keineswegs mehr Gerechtigkeit, denn das Leben ist immer bunter, als deren Urheber glauben. Sowie sich herausstellt, daß die beschlossenen Vorschriften zu neuen Ungerechtigkeiten führen, löst das sofort den Erlaß weiterer Normen aus. Zugleich bläht dieses Vorgehen die öffentliche Verwaltung ständig weiter auf. Nicht nur die Vorbereitung und die Beschlußfassung über die einzelnen Gesetze beschäftigen Riesenheere von Bürokraten. Von wesentlich größerer Bedeutung sind die »administrativen Konsequenzen«, die sich aus der ständig steigenden Regelungsflut ergeben.

Nach den Erfahrungen des Autors in der Bürokratie enthält jeder zweite Verwaltungsakt einen Rechtsfehler, weil
kein einziger Angehöriger der öffentlichen Verwaltung die
sein Sachgebiet betreffende Rechtslage wirklich noch
durchschaut. Das ist ein wesentlicher Grund dafür, warum die Behörden so unglaublich lange brauchen, um
über einen Antrag zu entscheiden. Der Eindruck des darauf wartenden Bürgers, die Sache müsse irgendwo unbe-
arbeitet vor sich hin schlummern, ist zwar naheliegend,
trifft aber nur in den wenigsten Fällen zu: Die Vorschriftenlage ist heute so kompliziert, daß auf jeder mit der
Sache befaßten Ebene andere Bestimmungen »greifen«,
so daß sich ein Vorgang während seines Laufes durch die
beteiligten Behörden immer wieder verändert und daher
zu seiner Erledigung unverhältnismäßig viel Zeit erfordert – ohne dadurch an rechtlicher Qualität zu gewinnen.

Die der Hälfte aller Verwaltungsakte anhaftenden
Rechtsfehler haben aber noch weitere Konsequenzen.
Wenn auch nicht jeder Verstoß gegen Vorschriften zur
Unwirksamkeit der Entscheidung führt – oft wird der eine
Fehler durch einen anderen im selben Verwaltungsakt
geheilt; oft wird sogar trotz der Nichtbeachtung von Vorschriften das richtige Ergebnis zufällig doch getroffen –,
an vielen Stellen hat diese Entwicklung Konsequenzen für
den Behördenaufbau: Wenn ein vorhandenes Amt die
neue Materie nicht beherrscht, benötigt man eine für diesen Zweck speziell ausgerüstete und vorgebildete neue
Dienststelle. Die Ausdifferenzierung ganzer Gebiete, wie
des Arbeits- und des Sozialrechts, die früher selbstverständlich der Zivilgerichtsbarkeit angehörten, belegt dies

für den Bereich der Justiz. Es gilt aber prinzipiell in völlig gleicher Weise und im Umfang noch erheblich mehr für die administrative Staatstätigkeit.

Daß dies zu einem gigantischen Verbrauch von Ressourcen geführt hat und weiterhin führt, muß kaum noch erläutert werden. Von der Begrenzung und Rückführung der damit verbundenen Staatsaufwendungen auf ein erträgliches Maß hängt für unsere demokratische Ordnung nichts Geringeres ab als ihre Fortexistenz. Lange werden wir uns den Luxus dieser Form der Verschwendung nicht mehr leisten können, ohne unseren Wohlstand zu verspielen, gewaltige soziale Auseinandersetzungen heraufzubeschwören und in neue diktatorische Systeme abzugleiten. Nicht mehr ideologisch fanatisierte Gegner bilden eine Gefahr für die freiheitliche Ordnung unseres Grundgesetzes, sondern die sich ständig erweiternde Macht eines anonymen Apparates, der allein deshalb nicht zur Verantwortung gezogen werden kann, weil er nicht nach einheitlichem Plan und auf ein ideologisch definiertes Ziel hin agiert, sondern den Gesamtorganismus unseres Staatswesens wie Krebszellen durchdringt.

In den Zeiten der römischen Republik hätte die Volksversammlung in einer solchen Situation den Beschluß »Videant consules« gefaßt und damit – befristet für ein halbes Jahr – Diktatoren eingesetzt, die für die Bewältigung der Gefahr hätten sorgen müssen. Abgesehen davon, daß die genannte Frist heute sicher zum generellen Umsteuern eine zu geringe Zeitspanne wäre – wir können selbst mit einer zeitlich begrenzten Amtszeit keine Diktatoren brauchen. Also müßte die Folgerung aus der geschilderten Situation heutzutage darauf hinauslaufen, zuerst einmal den Gesetzgeber daran zu hindern, auf dem eingeschlagenen Weg weiterzugehen und anschließend einen Großteil der bestehenden Vorschriften aufzuheben. Ob ein solcher Entschluß möglich ist? Wohl nur, wenn das Wahlvolk dies nachdrücklich verlangt und die Erfüllung dieser Forderung mit seiner Stimmabgabe verbindet.

In diesem Sinne hofft der Verfasser, mit seinem Buch einen Beitrag zur Neubesinnung über die Steuerung unseres Gemeinwesens zu leisten und einen Anstoß für die unerläßliche Diskussion über die hier erörterten Fragen zu geben. Die angeführten Beispiele stammen überwiegend aus den Erfahrungen des Autors in der Verwaltung der Universität und ihrer Einbindung in die staatliche Behördenorganisation. Die Sonderbedingungen, die für die Wissenschaftsverwaltung gelten, mildern das Bild allerdings eher ab, als zu Übertreibungen zu führen. Denn die Hochschulautonomie sichert ja wenigstens in Teilbereichen die für rationelles Verwaltungshandeln erforderliche Entscheidungskompetenz. Das aber heißt nichts anderes, als daß es innerhalb der »echten« Staatsadministration eher noch schlimmer zugeht, als es hier beschrieben wird.

Unter einem Infarkt versteht die Medizin das Absterben eines Organs infolge von Durchblutungsstörungen. Der Staat ist aber nicht irgendein Organ, sondern – wie Herz und Gehirn für das Leben jedes einzelnen von uns – Voraussetzung für unser Zusammenleben. Der Titel dieses Buches soll verdeutlichen, in welcher Gefahr wir stecken.

Leipzig, im Herbst 1997

1. Das Freiheitsverlangen in Ostdeutschland und die Bürokratie

> Die Bürokratisierung lähmt alle wirklich kreativen Kräfte, weil sie sie in ein überreglementiertes System mit zuwenig Freiräumen einsperrt. Ebendieses Fehlen von Freiräumen ist der Grund für den Pessimismus unserer Jugend. Das lähmt die kreativen Kräfte, und die Welt gerät in einen Prozeß der Versteinerung. Alles wird geregelt. Nur wer sich anpaßt, kommt vorwärts. Und in Zeiten eines kreativen und dadurch auch kulturellen Niedergangs, wie wir ihn in den westlichen Demokratien erleben, wandert die Kultur in rückständige Gebiete, wie es der deutsche Osten lange war, oder die Länder der Dritten Welt.
>
> HANS-GEORG GADAMER

Zu den wahrlich nicht wenigen Enttäuschungen, die die Wiedervereinigung den Menschen in den neuen Bundesländern bereitet hat, gehört an vorderster Stelle der Umstand, daß die neue Staatsordnung gegenüber dem pedantisch-unbeweglichen DDR-System keineswegs mit weniger, sondern sogar mit einer Steigerung der bürokratischen Praxis verbunden ist. Es gehörte zu den Grundüberzeugungen vieler, daß der Sozialismus an sich eine humane Idee und moralisch dem auf dem Prinzip des Egoismus fußenden Kapitalismus überlegen sei, daß er aber unter der Herrschaft der kommunistischen Parteien und besonders der vergreisten und verknöcherten SED-Prominenz lediglich bürokratisch entartet sei.

Diese Grundannahme traf aber keineswegs zu. Der Sozialismus ist nicht bürokratisch entartet, die Machtausübung mit Hilfe eines bürokratischen Apparates ist ihm vielmehr wesensgemäß. Denn wer darauf verzichtet, den Markt als Werkzeug einzusetzen, dem stehen zur Steuerung der Abläufe in Staat und Gesellschaft ausschließlich bürokratische Verfahren zur Verfügung: Es gibt nur die Alternative, entweder die Individuen nach dem Gesetz von Angebot und Nachfrage über ihren Bedarf entsprechend dem eigenen Planen und Können entscheiden zu lassen oder aber ihnen diese Aufgabe durch eine andere Instanz abzunehmen. Diese kann in Zeiten der technisierten und durchrationalisierten Welt denknotwendig nichts anderes als die Bürokratie sein. Es existiert zwar noch der – gegebenenfalls auch diktatorische – Gesetzgeber. Aber bei jeder seiner Maßnahmen steht er letztlich unausweichlich vor der Frage, ob er die Entscheidungsbefugnis den Individuen überlassen oder der Bürokratie überantworten soll. Die Bürokratie – gleichgültig auf welchen Ebenen sie tätig wird – kennt keine Preise, die sich durch Angebot und Nachfrage bilden könnten. Um zu Entscheidungen zu gelangen, benötigt sie Gehorsam gebietende Vorschriften und eine diese Vorschriften durchsetzende Hierarchie. Die Bürokratie kann sich gerade im deutschen System der »hergebrachten Grundsätze des Berufsbeamtentums« nicht auf eine demokratische Legitimation stützen, sondern bezieht ihren Anspruch, anordnen zu können, aus fachlicher Vorbildung und hierarchischem Status.

Dies ist allerdings nicht zwingend. In den Vereinigten Staaten von Amerika gilt das Spoils-System (Beute- oder Futterkrippensystem), wonach jeder Amtsträger prinzipiell auch der Zustimmung des Wahlvolks bedarf. Machtwechsel an der Spitze einer Gemeinde, eines Staates oder in der Präsidentschaft haben daher stets auch einen weitreichenden Austausch der öffentlich Bediensteten unter parteipolitischen Gesichtspunkten zur Folge. Die Fragwürdigkeit auch dieses Systems liegt auf der Hand.

Die Bürokratie ist von ihrem Ansatz her auf Befehl und Gehorsam gegründet. Dabei kommt es im Ergebnis nicht darauf an, ob diese Prinzipien dank der Grundrechte der Verfassung und ihnen entsprechender Selbstverwaltungsrechte durchbrochen oder ob sie durch rechtsaufsichtliche Befugnisse der vorgesetzten Behörde eingeschränkt sind. Denn im Zweifelsfall liegt die Entscheidung immer in der Hand des jeweiligen Vorgesetzten, der nächsthöheren Instanz und schließlich bei der »obersten Dienstbehörde« – also im Regelfall beim Ministerium und an dessen Spitze.

Aus dem Gesagten folgt aber nicht nur, daß jedes bürokratische System im Ansatz diktatorische Züge trägt, sondern vor allem auch, daß eine so verfaßte Ordnung alle Mängel des Sozialismus enthält. Denn sie stellt die Handelnden von persönlicher Haftung frei, d. h., die Akteure bekommen die Konsequenzen ihres Tuns nicht am eigenen Leib zu spüren. Wer sich mit seinem Vermögen oder mit seiner Arbeitskraft am Marktgeschehen beteiligt, haftet persönlich für sein Verhalten. Je geringer die persönliche Haftung ist und je weniger Aufsicht über den Umgang mit den anvertrauten Gütern besteht, desto größer ist die Macht der Akteure, desto schlimmere Fehlentwicklungen sind nicht nur denkbar, sondern praktisch programmiert. Die Ausartung sozialistischer und – wegen der prinzipiellen Übereinstimmung ihrer Grundstruktur – bürokratischer Staatsformen in diktatorische Systeme ist somit kein Betriebsunfall, sondern notwendige Konsequenz: Da die von solchen Systemen ausgelösten Fehlentwicklungen nicht verborgen bleiben, entstehen seit jeher immer neue Kontrollmechanismen. Despotische und diktatorische Systeme können es sich leisten, allgemeine Befehle zu erlassen, die es den Aufsichtsorganen – Polizei und Geheimpolizei – ermöglichen, Mißstände einzelnen Personen oder Gruppen anzulasten und sie »unschädlich« zu machen, d. h., sie zu vernichten oder in Straf- und Umerziehungslager zu sperren. Da dies à la longue den Widerstand der »Gewaltunterworfenen« auslöst, muß der Unterdrückungsapparat immer mehr Befugnisse erhalten und immer besser ausgebaut werden. Er verschlingt schließlich einen so großen Teil des Sozialprodukts und lähmt durch seinen Terror alle Bereiche so umfassend, daß die Wirtschaft die zur Versorgung erforderlichen Güter und Dienstleistungen nicht mehr bereitstellen kann. Dies führt als ein sich selbst verstärkender Prozeß zu einer revolutionären Stimmung, die so lange durch die staatliche Gewalt in Schach gehalten wird, welche den Unterdrückungsapparat immer weiter ausdehnt und ihn mit ständig weiter reichenden Kompetenzen ausstattet, bis es möglich wird, das System abzuschütteln – oft genug nur unter Einsatz physischer Gewalt, oder bis ein sich ideologisch nur anders tarnendes neues terroristisches Regime die Macht übernimmt.

Die Freiheitsbewegungen des 18. Jahrhunderts haben daher bei ihrem Kampf gegen Inquisition und absolutistischen Terror neben der Sicherung der Volkssouveränität in Form der Vergabe politischer Ämter durch gleiche, freie und geheime Wahlen vor allem versucht, vorstaatliche Freiheitsrechte und deren faktische Sicherung durch eine der politischen Mehrheitsentscheidung entzogene Justiz durchzusetzen. In Deutschland befindet sich der Erfolg dieses Kampfes gegenwärtig in der Gefahr, erneut verspielt zu werden, weil mit dem Versuch, die erstrittenen politischen Rechte auf die soziale Situation zu übertragen, wiederum ein Großteil des wirtschaftlichen Ertrages Bürokratien ausgeliefert wird, die über seine Verteilung entscheiden sollen. Gegenwärtig wird fast die Hälfte des deutschen Nationaleinkommens durch den Staat und andere bürokratisch verfaßte Sozialkörperschaften (Krankenkassen, Rentenversicherung, Arbeitslosenversicherung etc.) verwaltet. In einer solchen Situation von einem marktwirtschaftlich organisierten Wirtschaftssystem zu sprechen ist ignorant und falsch, weil die Mehrzahl aller das Wirtschafts- und Sozialleben ausmachenden Entscheidungen nicht nach dem Freiheit verbürgenden Gesetz von Angebot und Nachfrage, sondern von politisch nicht legitimierten Bürokraten getroffen wird. Dies aber führt wie gesagt zu unkontrollierter Macht der Bürokratien und im Gefolge dieses Prozesses notwendigerweise in den Überwachungsstaat.

Da einerseits kein Gesetz alle Lebenstatbestände erfassen und ordnend voraussehen kann, andererseits aber unsere Verfassung und – angesichts der geschichtlichen Erfahrungen unseres Landes in diesem Jahrhundert – die öffentliche Meinung neuen, ideologisch-geschlossenen und auf eine Diktatur abzielenden Weltanschauungsrichtungen keine Chance geben, kommt es zu der Notwendigkeit, das Regelungswerk immer weiter zu verfeinern und die mit der Umverteilung des Sozialproduktes befaßten bürokratischen Systeme – unter Berufung auf die erforderliche materiale Gerechtigkeit – ständig zu erweitern. Notwendige Beaufsichtigung, die vom 18. Jahrhundert an als das zentrale Problem der Zähmung der politischen Macht angesehen wurde, pervertiert in unseren Tagen in den sich selbst verstärkenden Prozeß der Aufsicht über die Bürokratie durch die Bürokratie selbst: Unterhalb der Schwelle diktatorischer Machtansprüche, aber auch bereits unterhalb eines bestimmten Maßes, das man darin finden kann, ob ein Sachverhalt die für die Medien relevanten Aufmerksamkeitswerte erreicht, vollzieht sich der Prozeß der bürokratischen Aufblähung und erfaßt zunächst allmählich, sich aber dann ständig beschleunigend alle Lebensbereiche. *Nicht der allmächtige Diktator ist der heutige Feind unserer Freiheit, sondern ein sich selbst lähmendes System bürokratischer Bevormundung, das – ohne finale Absichten zu kennen – steuerungslos die Betonierung aller Lebensverhältnisse bewirkt.* Ein Indiz für die Plausibilität dieser These ist es, daß die Leistungsfähigkeit der deutschen Wirtschaft nicht mehr ausreicht, um die bereits als selbstverständlich empfundenen Leistungen des Sozialsystems bereitstellen zu können, und daß diese Fähigkeit ständig weiter abnimmt. Da die Ursachen dieses Prozesses der Öffentlichkeit nicht klar sind, richtet sich die politische Aktivität zur Überwindung des sich aufstauenden Mißmutes (und im Rahmen

politischer Aktionen wie zur »Erhaltung des Wirtschafts-
standorts Deutschland« oder zur »Sanierung der öffentlichen Finanzen«) immer gegen diejenige soziale Gruppe,
der man selbst nicht angehört oder der man sich als verantwortlicher Akteur auf der politischen Bühne nicht
besonders verpflichtet fühlt. Und großer Zustimmung darf
gewiß sein, wer als Schuldige die »faulen und unfähigen
Beamten« entdeckt und verkündet, ihnen endlich Beine
machen zu wollen.

Es ist ja richtig, daß der Staat einen Großteil seiner Ressourcen damit vertut, daß er sich viel zu große Heere von
Beamten und anderen Angehörigen des öffentlichen
Dienstes leistet. Dabei ist unübersehbar, welche gewaltigen Aufgaben vor ihm stehen – nicht nur zur Bewältigung
der sozialen Ungerechtigkeiten im Inland, sondern viel
mehr noch für die wirtschaftliche Entwicklung sowohl in
Osteuropa als auch in der Dritten Welt. Sind die westlichen Demokratien (und besonders unser Land) nicht in
der Lage, so schnell wie möglich Lösungen für die damit
angesprochenen Probleme zu finden, geraten auch sie
(und damit jeder einzelne von uns) in eine Situation, die
unser Überleben in Frage stellt. Was sich zunächst als Problem der internationalen Beziehungen darstellt, erweist
sich nämlich bei näherem Hinsehen vor allem als eine
innenpolitische Herausforderung, über deren Verflech-
tung mit der generellen Situation der Welt wir uns nur
nicht im klaren sind.

2. Die Not der Staatsfinanzen und das Beispiel, die ostdeutschen Universitäten sanieren zu müssen

> Jede Einkommenssteigerung im öffentlichen Dienst um ein Prozent kostet den Staat 3,8 Milliarden Mark.

Die umrissene Gefahr werden wir nur dann abwenden können, wenn wir einen erheblichen Teil der staatlichen Ressourcen wirklich dort konzentrieren, wo sie gebraucht werden, und ihre weitere Verschleuderung beenden. Angesichts des törichten Umganges, den wir uns damit leisten, ist man immer wieder geneigt, dies für unmöglich zu erklären. Aber auch wenn wir nicht in der Lage wären, Kriege und andere Gewalttaten, mit denen nicht nur immenses Leid über die Menschheit gebracht wird, zu verhindern – es bliebe uns doch genügend Kraft, um die Voraussetzungen zur Bewältigung der vor uns stehenden Krisen zu schaffen, wenn wir nur im Inland von unseren Möglichkeiten einen rationalen und rationellen Gebrauch machten.

Wollen wir aber die ernsten Probleme der Überbevölkerung und der materiellen Not insgesamt meistern, müssen wir die gewaltige Ressourcenverschwendung in unserem Land beenden. Denn um den dazu notwendigen Entdecker- und Erfindergeist mobilisieren zu können, müssen dafür zunächst die materiellen Voraussetzungen geschaffen werden.

Der Staat, der dieses Problem bewältigen muß, besitzt dafür aber keine freien Ressourcen, ganz im Gegenteil: Nur noch in der Zeit unmittelbar vor den beiden Währungsreformen 1923 und 1948 wurde in diesem Jahrhundert das gegenwärtige Ausmaß der Staatsverschuldung übertroffen. Zu Beginn des Jahres 1997 standen Bund, Länder, Gemeinden und die übrigen Träger der öffentlichen Gewalt und Daseinsvorsorge mit mehr als zwei Billionen Mark in der Kreide. Das ist eine Zahl, unter der sich ein Normalbürger nichts mehr vorstellen kann: eine Zwei mit zwölf Nullen. Für eine solche Größenordnung fehlt uns jede sinnliche Erfahrung. Das Bedrohliche, das von ihr ausgeht, können wir überhaupt nicht erfassen. In vertraute Vorstellungen übersetzt, entspricht die heutige Verschuldung etwa dem Gegenwert von 500 Millionen Pkw (bei einem Durchschnittswert von 40 000 Mark pro Stück) oder einer durchschnittlichen Belastung jedes einzelnen Bürgers in Höhe von 25 000 Mark. Und dabei ist zu beachten: Bei einer derartigen Berechnung sind alle Säuglinge, Schulkinder und Studenten ebenso mitgezählt wie alle Rentner und Arbeitslosen. Zieht man nur die Erwerbstätigen heran, kommt man auf eine Durchschnittsverschuldung jedes einzelnen von mehr als 60 000 Mark.

Dabei stehen – bedingt durch die Wiedervereinigung – noch besonders teure Aufgaben für die öffentliche Hand bevor. Gewiß, was bis heute in den Ausbau der Infrastruktur, vor allem der Verkehrswege und Telekommunikationseinrichtungen der neuen Bundesländer gesteckt wurde, wird sich in den kommenden Jahren positiv bemerkbar machen. Aber der Bedarf ist ja bei weitem noch nicht gedeckt. Allein für die Gebäude der Universität Leipzig wurde im Auftrag des sächsischen Finanzministers ein Investitionsbedarf in Höhe von 2,5 Milliarden Mark ermittelt. In den ersten sechs Jahren seit der Wiedervereinigung wurden – nach oben gerundet – für solche Baumaßnahmen 250 Millionen Mark aufgewendet. Das ist für sich genommen ein stolzer Betrag. Aber er macht eben nur zehn Prozent der erforderlichen Summe aus. Daher bedarf es auch keiner besonders großen Phantasie, sich auszumalen, wie das Tempo bei den Baumaßnahmen beschleunigt werden müßte, wenn die Universitäten in den neuen Bundesländern den Anschluß an westliche Standards gewinnen und bei ihren Leistungen in Forschung und Lehre mithalten sollen.

Auch wer glaubt, daß der wissenschaftliche Fortschritt im Zeitalter der Datenautobahnen auf die ostdeutschen Universitäten nicht angewiesen sei, daß es also auch ohne einen derartigen Wiederaufbau ginge, übersieht zumindest, daß eine konkurrenzfähige Ausbildung des akademischen Nachwuchses eine Überlebensfrage nicht nur für die neuen Länder, sondern für ganz Deutschland ist: Außer unseren geistigen Leistungen haben wir – auch dank des Lebensstandards, den wir uns nun einmal in guten Zeiten genehmigt haben und von dem wir uns ja auch nicht verabschieden wollen – nicht viel zu verkaufen. Wir können es uns nicht leisten, irgendwelches geistiges Kapital brachliegen zu lassen.

Und die westdeutschen Universitäten wären ja auch angesichts ihrer eigenen Strukturmängel und der an ihnen herrschenden Massensituation in jeder Hinsicht überfordert, auch nur einen Teil der Ausbildungsaufgaben für den Osten mit zu übernehmen – von anspruchsvollen Forschungsleistungen und Beiträgen zum Wissensstand der Weltkultur ganz zu schweigen. Im Gegenteil: Die ostdeutschen Universitäten können in vieler Hinsicht als Muster für sinnvolle Reformen auch der westlichen Hochschulen gelten.

Das ist nicht einmal ein besonderes Verdienst, sondern Folge der Umstände, unter denen sie fast ein halbes Jahrhundert lang arbeiten mußten. Sieht man von den ideologisch besonders anfälligen Fächern und den Einrichtungen ab, die aus anderen Gründen die besondere Aufmerksamkeit der SED genossen, war das Niveau der ostdeutschen Universitäten in vielfacher Hinsicht den westdeutschen ebenbürtig, und was die praktischen Ergebnisse in der Ausbildung des akademischen Nachwuchses angeht, sogar eindeutig überlegen. Das wird schon daran deutlich, daß es bei wesentlich kürzeren Studienzeiten praktisch keine Studienabbrecher gab (und nach wie vor kaum gibt), daß die an ostdeutschen Universitäten ausgebildeten Nachwuchskräfte der westlichen Konkurrenz gewachsen, in einigen Fächern sogar deutlich überlegen sind. Das zeigt sich z. B. in der Medizinerausbildung, in der es – im Gegensatz zu dem im Westen möglichen Einsatz von Hochleistungsgerät – darauf ankam, daß die künftigen Ärzte von Anfang lernten zuzupacken. Diese größere Praxis- und Patientennähe trifft wegen des höheren Grades der berufsbezogenen »Verschulung« der Ausbildung mit solide erlernten naturwissenschaftlichen Basiskenntnissen zusammen, deren Nachweis nicht durch unpersönliches Ankreuzen von Kästchen in »Multiple-choice-Prüfungen« zu erbringen war, sondern deren sinnvolle Bezüge zur medizinischen Fragestellung im persönlichen Prüfungsgespräch nachgewiesen werden mußte – wie ja überhaupt die persönliche Betreuung der Studierenden von den Hochschullehrern der DDR und der neuen Bundesländer als eine viel wichtigere Aufgabe angesehen wurde und wird, als dies in der Massenabfertigung westdeutscher Universitäten der Fall und möglich ist. Dort betrachten die Wissenschaftler angesichts der riesigen Studentenzahlen, die ein persönliches Eingehen auf deren Fragen und Bedürfnisse im Regelfall völlig ausschließen, ihre Aufgaben in der Lehre als lästige Pflichten, denen man im Interesse der Forschungsaufgaben nach Möglichkeit aus dem Wege geht. Für die Reputation und damit für die eigene Karriere bringt das Engagement in der Lehre jedenfalls nichts. Insoweit funktioniert der Marktmechanismus selbst in diesem total bürokratisch verwalteten Funktionsbereich unserer Gesellschaft, in dem es – wie bereits gesagt – um nichts weniger als um unser aller wirtschaftliche Zukunft geht.

Die gute Bewertung der Leistungen für die akademische Lehre in der DDR ist nicht einfach eine unbewiesene Behauptung, sondern aus der Situation, in der sich die Hochschullehrer im Osten befanden, einfach zu begründen: Wer immer in der DDR sich nicht an das politische System anpassen wollte – und das war, wie wir dank der Ereignisse des Herbstes 1989 und aller seitherigen Wahlen wissen, die übergroße Mehrheit – und wer zugleich wissenschaftlichen Ehrgeiz besaß, konnte es in fast allen Fächern bis zur »Promotion B«, die etwa der westlichen Habilitation entsprach, bringen. Die Tore für eine Professorenkarriere waren diesen Nachwuchskräften aber in aller Regel dann versperrt, wenn sie nicht wenigstens verbal und im allgemeinen auch durch ihr tatsächliches Verhalten Treuebeweise für das SED-System zu erbringen bereit waren. Wer das nicht wollte oder aus Überzeugung nicht konnte, fand in der Regel einen Ausweg, wie er seinem Beruf in relativer politischer Ungeschorenheit nachgehen konnte; denn die wie westliche Großordinarien vergangener Epochen agierenden Politkarrieristen unter den Professoren waren zu den für die akademische Lehre erforderlichen Anstrengungen gewöhnlich nicht bereit. Ihre Qualitätsverteilung war eine auf den Kopf gestellte Gaußsche Normalverteilungskurve: In allen Berufsgruppen, in die durch politische Vorgaben nicht eingegriffen wird, gibt es immer wenige herausragende Köpfe, viele durchschnittlich Leistungsfähige und immer nur einen geringen Anteil besonders schlechter Kräfte. Da zur besonderen Qualität in der Wissenschaft in aller Regel die Zugehörigkeit zur SED treten mußte, damit jemand in Leitungsfunktionen der DDR-Universitäten gelangen konnte, waren unter den der SED angehörenden Professoren natürlich auch sehr gute Forscher und Hochschullehrer. Umgekehrt war der Partei aber die stramme Linie in vielen Fällen wichtiger als die wissenschaftliche Kompetenz. Politisch nicht anpassungsbereite Nachwuchswissenschaftler verlegten sich daher auf die akademische Lehre. Sie konnten dort – zumal in den naturwissenschaftlichen und medizinischen Disziplinen – berufliche Erfüllung finden, wenn sie diese Aufgabe ernst nahmen und dafür bei den Studierenden auf ein positives Echo stießen.

Für unsere Fragestellung ergibt sich aus diesem Beispiel – außer der Aussage, wie nötig für unser Land die schnelle Beseitigung der materiellen Nöte der Hochschullandschaft im Osten ist –, daß sich selbst in vollkommen bürokratisch gesteuerten Systemen sofort Marktmechanismen etablieren, wenn und soweit dazu eine Chance eröffnet wird. Der Preis für »politische Ruhe« bestand in diesem Markt ganz einfach im Engagement für besondere Leistungen in der Lehre.

Was hier aus näherer Kenntnis der Universitäten als Beispiel für gewaltige finanzielle Probleme des Staates benannt wurde, gilt – mutatis mutandis – für viele andere seiner Aufgabenfelder auch. Eine größere Bedeutung kommt den wissenschaftlichen Einrichtungen allerdings insofern zu, als von ihrer Leistungsfähigkeit entscheidend abhängt, ob wir für die offenen Probleme beim Umbau der Wirtschaft Lösungen finden werden.

Angesichts dieser generellen Situation ist es ein politischer Skandal erster Ordnung, daß sich keine politische Partei unseres Landes dazu durchringen kann, die Aufwendungen für Bildung und Wissenschaft als Investitionsausgaben anzuerkennen und sie nicht dem konsumptiven Bereich zuzuordnen. Besonders schlimm ist in diesem Zusammenhang die geistige Selbstenthauptung, die den Hochschulen der neuen Bundesländer derzeit droht: Nach dem jahrzehntelangen Verlust der besten Köpfe, die sie erlitten haben, weil solche Nachwuchskräfte entweder in der Wissenschaft keine Chance hatten oder den Weg in den Westen suchten und fanden, lösen gegenwärtig Stellenstreichungen und -wiederbesetzungssperren einen neuen Brain-Drain aus: Mit solchen Maßnahmen wird auch den besten Nachwuchsforschern der Weg in eine wissenschaftliche Karriere an ihren Hochschulen verbaut. Die unmittelbar Betroffenen haben davon keinen Nachteil, denn die besonders guten Kräfte brauchen sich um ihre Zukunft keine Sorgen zu machen – sie finden im Westen der Bundesrepublik oder auch im Ausland ihre Chance. – War es Zweck der politischen Wende, das »Beitrittsgebiet« geistig weiter ausbluten zu lassen, und kann es tatsächlich wahr sein, daß dies fortgesetzt wird? – Übrigens hatte Ludwig Erhard in seiner Regierungserklärung am 18. Oktober 1963 den Fragen der Bildungs- und Wissenschaftsfinanzierung eine längere Passage gewidmet und dringlich gefordert, diese Staatsausgaben nicht dem Konsumbereich zuzuordnen. Um deutlich zu machen, welchen Rang er diesem Teil der Staatsbetätigung zumaß, forderte er dazu auf, künftig derartige Aufgaben als »Sozial*investitionen*« zu bezeichnen. Außer in unverbindlichen Sonntagsreden hat die amtliche Politik aus dieser Erkenntnis jedoch noch nirgends die erforderlichen Konsequenzen gezogen.

Den Rang, den Bildung und Wissenschaft im Gegensatz zu wohlfeilen Phrasen in unserem politischen Alltag einnehmen, kann man mit großer Eindeutigkeit an der Numerierung der Bundestagsausschüsse ablesen: Die Bundestagsfraktionen, die im Verhältnis ihrer Stärke ein Zugriffsrecht auf den Vorsitz der Parlamentsausschüsse haben, halten bei insgesamt 22 derartigen Positionen 18 Politikfelder für wichtiger. Erst an der 19. Stelle meldet sich eine Fraktion zur Wahrnehmung dieser »Zukunfts-aufgabe«.

3. Der Perfektionismus der Gesetze und die Aufblähung des öffentlichen Dienstes

> Die Zehn Gebote vom Berg Sinai kommen mit 300 Worten aus. Die amerikanische Unabhängigkeitserklärung benötigt 3000. Die Verordnung der Europäischen Kommission über die Einfuhr von Karamelbonbons braucht 30 000 Worte.
>
> Anonym

Eine alles erstickende Regelungsflut

Ohne Gesetze, Verordnungen, Verwaltungsvorschriften, Satzungen usw. geht es nicht. Aber allein der inzwischen erreichte Umfang zeigt, daß wir das Maß des Vernünftigen, ja des Erträglichen weit hinter uns gelassen haben. Das ist manchem auch durchaus bewußt. So erklärte der Präsident des Bundesverwaltungsgerichts, Everhardt Franßen, im Februar 1995: »In manchen Bereichen sind Verwaltung und Gericht zunehmend überfordert. Da droht der Staatsinfarkt. (...) Der Gesetzgeber sollte mal ein Sabbatjahr einlegen.«

Das läßt sich auch in nüchternen Zahlen belegen: Umfaßte das Bundesgesetzblatt im Jahr 1950 keine 900 Druckseiten, so besteht es 1994 allein im Teil I aus vier Bänden Text mit zusammen 2960 Seiten und drei weiteren Anlagebänden mit Karten, Formblättern und Tabellen, die weitere 1400 Druckseiten füllen. Dazu kommt der Teil II in ebenfalls vier Bänden mit insgesamt 3884 Seiten und drei weiteren Anlagebänden, die noch einmal 2640

Druckseiten einnehmen. Man kann das exponentielle Wachstum der Gesetzestexte auch folgendermaßen darstellen: In den vier Jahren der ersten Legislaturperiode des Deutschen Bundestages umfaßte das Bundesgesetzblatt insgesamt 4302 Seiten. In den vier Jahren der siebenten Legislaturperiode (von 1972 bis 1976) hatte es bereits 12 800 Seiten. Seither hat sich das Volumen fast vervierfacht: Jetzt reichen 11 000 Seiten gerade zur Unterbringung des Gesetzesstoffes aus einem Jahr.

Dies alles wird im Format DIN A4 veröffentlicht. Der Schriftgrad entspricht etwa 6 Punkt, d. h., auf einer Seite, die normalerweise zwei- bis dreispaltig umbrochen wird, befinden sich zwischen 6000 und 8400 Zeichen. Rechnet man diese auf Worte um und geht dabei von durchschnittlich acht Buchstaben aus, so bedeutet das, daß gegenwärtig (bei insgesamt etwas über 11 000 Gesetzblattseiten) allein vom Bund rund zehn Millionen Wörter Gesetzestext pro Jahr erlassen werden. Oder anders gesagt: Heutzutage werden in Deutschland jährlich mehr als zehnmal soviel Gesetze produziert wie zu Beginn der Bundesrepublik, obwohl damals schließlich alle wesentlichen gesetzlichen Grundlagen für das neue demokratische Rechtsleben geschaffen werden mußten.

Der eben schon zitierte Präsident des Bundesverwaltungsgerichts erklärte zu diesem Problemkreis: »Es wird immer weiter problematisiert und verfeinert, modifiziert und verschärft. Eine Gesetzgebung aber, die sich nicht mehr fragt, ob die von ihr produzierten Bestimmungen auch noch angemessen vollzogen werden können, führt im Ergebnis nur zu einem symbolischen Aktionismus.«

Umfang des Bundesgesetzblattes

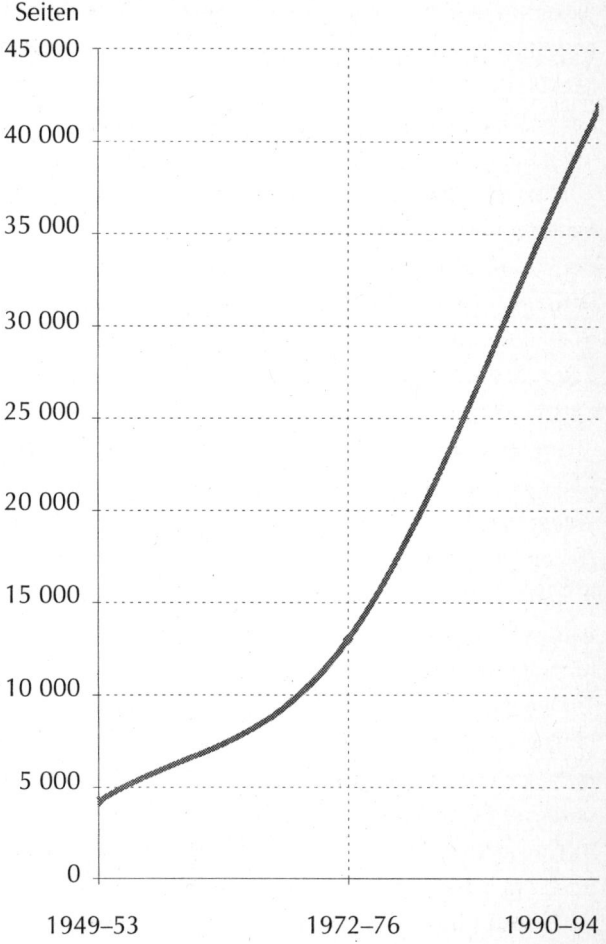

Welchen Zustand wir auf diesem Gebiet inzwischen erreicht haben, belegt ein Rundschreiben des sächsischen Staatsministeriums für Wissenschaft und Kunst, dessen einziger Zweck war, auf ein beigefügtes Rundschreiben des Staatsministeriums der Finanzen aufmerksam zu machen. Darin wurde nun seinerseits nichts weiter mitgeteilt, als daß in Kürze eine neue Verordnung veröffentlicht werde, um deren Beachtung man bitte. Solche Absurditäten sind im Dschungel des ständig wachsenden Stoffes an »veröffentlichten« Rechtsregeln offenbar nötig, wenn man deren Beachtung wenigstens in wichtigen Fällen sicherstellen möchte.

Ein weiteres gleicherweise redundantes Rundschreiben-Paket betraf 1996 die Konsequenzen, die sich aus dem jahreszeitlichen Wechsel von Sommer- und Normalzeit für die Besoldung der Beamten und die Vergütung von Angestellten und Arbeitern im öffentlichen Dienst ergeben. Neben dem Anschreiben des Wissenschaftsministeriums, das lediglich darauf hinwies, beigefügt würden zwei weitere Rundschreiben übersandt, enthielt die erste Anlage die Mitteilung, das Rundschreiben zu dieser Problematik aus dem Vorjahr gelte mit der Änderung weiter, daß die Jahreszahl 1995 durch die Zahl 1996 zu ersetzen sei. In dem Vorjahresrundschreiben – das war die zweite Anlage – wurde auf drei Schreibmaschinenseiten mitgeteilt, daß sich für die Beamten keinerlei Auswirkung ergebe und auch Angestellte im Grundsatz nicht betroffen seien, daß aber für Arbeiter in entsprechenden Diensten die verkürzte Nacht im Frühjahr durch die verlängerte Nacht im Herbst ausgeglichen werde. Spezialregelungen wurden für den Fall getroffen, daß jemand zwischen diesen beiden Daten eingestellt wird oder aus dem Arbeitsverhältnis ausscheidet. Beide Rundschreiben hatte der Staatssekretär des Finanzministeriums eigenhändig unterzeichnet. Selbst wenn er sie gar nicht gelesen haben sollte, haben sie doch den weiten Weg durch die ministerielle Bürokratie hinter sich gebracht und ein ganzes Heer von Beamten von ihrer Abfassung bis zur Versendung stundenlang beschäftigt. Die Kosten für die Vervielfältigung, das Adressieren und das Porto sowie die weitere Bearbeitung dieses höchst wichtigen Vorgangs durch alle »nachgeordneten Behörden« gehen in die Tausende von DM. Offenbar hält man höheren Orts die wenigen Behördenleiter, die tatsächlich einmal mit einer solchen Frage konfrontiert sein könnten, für zu dumm, um selbst plausible Lösungen finden zu können.

Auch ein Blick auf die Titel der Gesetze läßt erkennen, wie die geregelten Materien immer unwichtiger werden: 1952 waren es z. B. das Mutterschutzgesetz, das Paßgesetz, das Lastenausgleichsgesetz, das Gesetz über das Bundesverwaltungsgericht und das Betriebsverfassungsgesetz. Nicht zu übersehen ist zwar schon damals eine Tendenz zur Novellierung bereits bestehender Gesetze. Solche Änderungen bezogen sich aber seinerzeit vor allem auf Erleichterungen bei den noch vorhandenen Bewirtschaftungsvorschriften und die Anpassung fortgeltender Normen an die rechtsstaatlichen und demokratischen Verhältnisse des Grundgesetzes. Heute überwiegt die Novellierung bestehender Gesetze, wobei immer wieder die Unübersichtlichkeit der neu zu regelnden Materie schon aus den Titeln ablesbar ist – es gibt z. B. ein »Gesetz zur Schaffung von Partnerschaftsgesellschaften und zur Änderung anderer Gesetze«.

Zu den Novellierungen gehören auch das »Gesetz zur Änderung des Weinrechts«, das »Gesetz zur Änderung des Zeitgesetzes« und das »Siebte Gesetz zur Änderung des Gesetzes über die Errichtung einer ›Stiftung für behinderte Kinder‹«. Im übrigen enthält das Gesetzesregister nur noch wenige Originalgesetze, darunter das »Handwerksstatistikgesetz«, das »Gesetz zur Neuregelung der Post«, das »Gesetz zur Vermeidung, Verwertung und Beseitigung von Abfällen« sowie das »Pflegeversicherungsgesetz«. Unter den »richtigen« neuen Gesetzen befinden sich aber auch Neuregelungen, über die man nur staunen kann: Wie notwendig mag wohl das »Gesetz über die Werbung für Säuglingsanfangsnahrung und Folgenahrung (Säuglingsnahrungswerbegesetz – SNWG)« sein?

Dazu kommen neben den Landesgesetzen nun noch alle anderen Vorschriften, die Gemeinden, Zweckverbände, Regierungsbezirke, Landschaftsverbände, die Monopolunternehmen wie Elektro- und Gasversorger, Wasserwerke und Abwasserunternehmen sowie die Sozialversicherungsträger erlassen. Allein der Prospekt des Sächsischen Gemeindeunfallversicherungsverbandes füllt 38 Seiten mit Titeln von Drucksachen über Unfallverhütungsvorschriften, Richtlinien, Sicherheitsregeln, Merkblättern etc. Das reicht im alphabetischen Stichwortverzeichnis von »Abfallzerkleinerungsmaschinen, Sicherheitsregeln für –« bis »Zytostatika, Sichere Handhabung von –«. Wer ahnt schon, daß sich die Unfallverhütungs-

profis sogar mit dem »Hüftaufschwung an Reck und Stu-
fenbarren« (Bestell-Nummer GUV 57.2.226 Ausgabe
2/93 X) befassen?

All das trägt aber nicht nur dazu bei, daß wir alle die
Übersicht verlieren, sondern es erhöht vor allem den
Anteil unproduktiver Verwaltungstätigkeiten ständig wei-
ter: Das Register dieser von der Bürokratie erarbeiteten
und nun von noch viel mehr Bürokraten anzuwendenden
Vorschriften umfaßt inzwischen mehr als 70 000 Titel!

Täglich berichtet die Presse über die dadurch ausgelöste gigantische Verschwendung. Ein Beispiel bringt der
»Stern« in seiner Ausgabe Nr. 45 vom 2. 11. 1995, Seite
33 f.: »In Rheinland-Pfalz regeln allein 120 Umweltge-
setze, was Unternehmer zu tun und zu unterlassen haben.
In Nordrhein-Westfalen müssen, um eine Baugenehmigung für eine Industrieanlage zu erlangen, 89 Verwal-
tungsstellen kontaktiert werden. Der Aufwand, den die
Firmen dabei zu bewältigen haben, steht oft in überhaupt
keinem Verhältnis zur eigentlichen Investition mehr. So
mußte Michael Stock, Geschäftsführer eines geplanten
Entsorgungszentrums in Duisburg, derart umfangreiche
Genehmigungsunterlagen zusammenstellen, daß die am
Ende rund 1000 Aktenordner füllten. Das Verfahren
kostete Millionen, so Stock: »Allein die Fotokopierkosten
beliefen sich auf 200 000 DM.«

Unsinnige Gesetze oder
Wie man Fledermäuse schützt

Zur Beantwortung der Frage, ob man nicht auf einen Großteil der heutigen Gesetze verzichten und damit den Aufwand an nutzloser Beschäftigung von Bürokraten zugunsten der Finanzierung produktiverer oder notwendiger Staatsaufgaben zurückdrängen könnte, soll einmal ein Gesetz herausgegriffen werden, das bereits wegen seines Namens Aufmerksamkeit verdient.

Wer sich regelmäßig über das Inkrafttreten neuer Vorschriften unterrichten muß, um seinen beruflichen Aufgaben gerecht werden zu können, entwickelt sehr schnell Strategien zur Filterung des geschilderten, immer umfangreicheren Lesestoffes. Ihm fällt dann kaum noch auf, was da so alles in Gesetzesform gegossen wird. Allerdings gibt es ab und zu Stichworte, die auch den an Routine Gewöhnten näher hinsehen lassen:»Gesundheitsstrukturreform« oder »Fledermäuse« sind keine alltäglichen Vokabeln. Zwar veranlassen gerade derartig exotische Begriffe den »Normalbeamten« z. B. aus der Finanzverwaltung oder dem Straßenverkehrsamt kaum zu größerer Aufmerksamkeit. Und das gilt nicht nur für die sogenannte Arbeitsebene, sondern bis in die höchsten Stufen von Politik und Verwaltung: Sie alle lassen solche Stichworte an sich vorüberziehen, ohne auch nur hinzusehen. Sie sind beim Weglegen dieser Pflichtlektüre dankbar, daß sie für die eigene Aufgabenerfüllung nichts Relevantes enthalten, sie also diesmal vor weiterer Ausdehnung der ihnen übergestülpten Regeln verschont bleiben.

Eine große Zahl völlig unbetroffener Staatsbediensteter hat sich aber dennoch zu einem erheblichen Teil ihrer Arbeitszeit mit Gegenständen zu befassen, für die ihnen jedes sachliche Urteilsvermögen fehlt – und das nicht etwa nur irgendwo in den Niederungen der Verwaltung, sondern bis an die Spitze des Staates: So haben z. B. am 21. Juni 1993 der Bundespräsident, der Bundeskanzler, der Bundesaußenminister und der Bundesumweltminister das vom Bundestag beschlossene »Gesetz zu dem Abkommen vom 4. Dezember 1991 zur Erhaltung der Fledermäuse in Europa« unterzeichnet, wonach es im Bundesgesetzblatt veröffentlicht werden konnte.

Das Gesetz selbst umfaßt nur zwei Artikel, nämlich die Zustimmung zu dem im Gesetzestitel genannten Abkommen. Das Abkommen selbst allerdings füllt im Bundesgesetzblatt sechs Druckseiten. Es enthält neben einer ausführlichen, erhabene Ziele deklamierenden Präambel (»eingedenk …, in Erkenntnis …, in dem Bewußtsein …, unter Hinweis auf …, überzeugt …«) zunächst sechs Legaldefinitionen, worunter sich auch die lange vermißte Klarstellung befindet, daß unter dem Begriff »Europa« der »europäische Kontinent« zu verstehen sei. Stutzig macht allerdings bereits, daß der Abkommenstext neben der deutschen und französischen auch in der englischen Fassung veröffentlicht wird. Und völlig verwirrt wird der unvorbereitete Leser, wenn er erfährt, daß Hinterlegungsort für die Ratifikationsurkunden London ist und daß die Überprüfung der Einhaltung des Abkommens zunächst durch die britische Regierung erfolgen soll. Eine Erklärung dieses Widerspruchs kann ja wohl nicht darin liegen, daß es in englischen Schlössern und Burgruinen noch so viele Exemplare der zu schützenden Tierart gibt, daß die sozusagen exterritorial lebenden »britischen Fledermäuse« keines besonderen Schutzes bedürften und die britische Regierung ein besonders unparteiischer Beobachter der kontinentaleuropäischen Fledermausszene wäre. Es kann ja wohl nur daran liegen, daß in irgendeinem anderen europäischen Vertrag der Begriff »Kontinentaleuropa« so definiert wird, daß man Großbritannien dem Kontinent zuzurechnen hat. (Wen kann es da noch verwundern, daß es unter den Briten so viele emotional erbitterte Feinde des Brüssel/Maastrichter Gebildes gibt, wo man ihnen doch offenbar per Definition sogar ihre geheiligte Insularität und Splendid isolation weggenommen hat? Hieran erweist sich zusätzlich wieder einmal, daß rationales Herangehen an politische oder wirtschaftliche Probleme seine Grenzen hat.)

Derartig komplizierte Querverweisungen blähen naturgemäß den Beamtenapparat auf, denn wenn solche Texte nicht aus sich heraus verständlich sind, bedarf es zum sinnvollen »Gesetzesvollzug« natürlich der mit der Materie vertrauten Fachleute. Ein Beispiel, warum die Finanzverwaltung mit der Zahl ihrer Bediensteten nicht auskommt, hat genau diesen Grund: In den Gesetzen der Bundesrepublik Deutschland finden sich (Stand: Jahresbeginn 1997; vielleicht hat sich diese Zahl inzwischen schon wieder erhöht) 19 (!) verschiedene Definitionen für den Begriff »Einkommen«. Ginge der Gesetzgeber sorgfältiger vor und schüfe er technisch bessere – und das hieße ja dann vor allem: einfachere – Gesetze, könnte man die Zahl der Finanzbeamten leicht um die Hälfte reduzieren. Setzte man sie zur Verstärkung von Kontrollen ein, hätte man genug Personal, um die von den Behörden selbst geschätzte Zahl von 300 Milliarden Mark jährliche Steuerhinterziehungen drastisch zu senken.

Wie sieht nun der Schutz aus, den die Fledermäuse mit Hilfe des neuen Abkommens künftig in Europa genießen werden? Der Vertrag regelt zwar viel, kaum aber den Gegenstand, dem er Namen und Existenz verdankt: Zunächst werden die Vertragsstaaten verpflichtet, die zuständigen Behörden zu bestimmen und ihre Anschriften den übrigen Signatarstaaten mitzuteilen (Artikel II, Nr. 3). Sodann haben sie die Pflicht, »angemessene Mittel« bereitzustellen (Art. II, Nr. 4). Wofür, fragt sich der Leser. Keineswegs für die Anlage von Zuchtstätten oder Refugien für die Tiere, sondern für – Tagungen (Art. V)! Die Regierung des Vereinigten Königreichs beruft spätestens drei Jahre nach Inkrafttreten des Abkommens eine Zusammenkunft ein – was am 90. Tag, nachdem fünf Staaten Vertragsparteien geworden sind, der Fall ist.

Den Status als Vertragsparteien erwerben diese Staaten entweder dadurch, daß sie das Abkommen »ohne Vorbehalt der Ratifikation, Annahme oder Genehmigung« unterzeichnen oder indem sie es »vorbehaltlich der Ratifikation, Annahme oder Genehmigung unterzeichnen« und später »ratifizieren, annehmen oder genehmigen«.

Man möchte aus der Haut fahren, wenn man solchen zu Papier gebrachten Schwachsinn als amtlichen Gesetzestext verabreicht bekommt, an dem ja nicht nur hohe und höchste, gut und bestens bezahlte Ministerialbeamte – in jedem europäischen Land aus mehreren Ministerien – jahrelang gefeilt haben! Wen kann Bürgerverdrossenheit angesichts derartiger Leistungen noch verwundern?

Vor der ersten Tagung haben die Vertragsparteien Verfahrensregeln für diese Veranstaltung zu beschließen, einschließlich des Finanzierungsschlüssels, der Beiträge und des Haushalts (für die Veranstaltung der Tagungen vermutlich, aber insoweit ist der Abkommenstext mißverständlich, was natürlich den nicht unerwünschten Nebeneffekt hat, daß man weitere Konferenzen zur Klärung dieser und ähnlicher Fragen abhalten kann). Außerdem wird geregelt, wer als ordentlicher Teilnehmer (mit Stimmrecht) und wer als Beobachter an den Tagungen teilnehmen darf, worauf sich das Stimmrecht bezieht, sowie wer wem was berichten darf, soll und muß (Artikel V).

Der (schriftliche) Bericht ist 90 Tage vor der Tagung – halt, nein, in diesem Punkt geht es wesentlich genauer zu: 90 Tage vor der Eröffnung der Tagung – an die Vertragsparteien zu verteilen, vermutlich über ein neues Büro (statt in Brüssel diesmal in London?). Aber auch das bleibt zunächst offen (Artikel VI).

Weitere Vorschriften betreffen die Änderung des Abkommens (Artikel VII), Vorbehalte (Artikel VIII), die Beilegung von Streitigkeiten (Artikel IX), die Unterzeichnung und Ratifikation (Artikel X), den (nachträglichen) Beitritt (Artikel XI), das Inkrafttreten (Artikel XII), die Kündigung, das Außerkrafttreten (Artikel XIII) und die (bereits erwähnte) Verwahrung der Ratifikationsurkunden (Artikel XIV).

Und wo bleiben die Fledermäuse? Den tatsächlichen Schutzmaßnahmen für die Tiere dient ein einziger Paragraph – nämlich Artikel III. Darin sind so banale Verpflichtungen enthalten wie das Verbot des Fangens, Haltens oder Tötens von Fledermäusen oder auch die Pflicht zur Schaffung von Schutzstätten. Ganze 12 Druckzeilen (!) umfaßt diese Vorschrift.

Wer sich aber mit diesem Kanon nach dem Motto: Na ja, wenigstens ein Anfang, beruhigen will, muß sich bei der Lektüre des zweiten Absatzes des Artikels III endgültig veralbert vorkommen. Denn die in Absatz 1 festgesetzten Pflichten sind für die Signatarstaaten völlig unverbindlich: Die Vertragsparteien können nämlich ihre Behörden ermächtigen, beliebige Ausnahmen von den Pflichten des Absatzes 1 zuzulassen, da die Fürsorge für die bedrohte Tierart weiterhin unter dem ausdrücklichen Vorbehalt »wirtschaftlicher und sozialer Erwägungen« steht. Das aber heißt, daß der Eigentümer einer Ruine unter Berufung auf das Abkommen nicht gehindert werden darf, aus seiner Immobilie ein Luxushotel zu machen, in dem dann natürlich Fledermäuse nicht mehr geduldet werden.

Solche Absichten wird man einem schottischen Baron nicht übelnehmen können. Aber braucht man dann das Abkommen? Denn die geschilderte Ausnahme bedeutet ja nichts anderes, als daß jeder Vertragspartner auch künftig tun und lassen kann, was er will. Und wo es bereits nationale Regelungen zur Erhaltung und zum Schutz des Lebensraumes bedrohter Tierarten wie in Deutschland gibt, bringt das Abkommen keine einzige zusätzliche

Schutzmaßnahme für die Fledermäuse. Der einzige Effekt: schriftliche Berichte und Reisen zu Tagungen!

Dafür der ganze Aufwand? Welcher Aufwand denn? Wir wollen einmal versuchen, ihn zu ermitteln. Über amtliche Unterlagen verfügen wir leider nicht, sind also gut beraten, möglichst an der Untergrenze zu schätzen, schon um besserwisserischen Berichtigungen der beteiligten amtlichen Stellen möglichst keine Angriffsfläche zu bieten.

Gehen wir zunächst einmal davon aus, daß zehn europäische Staaten am Zustandekommen des Abkommens beteiligt waren. Legen wir außerdem zugrunde, daß es (nur) drei vorbereitende Konferenzen gegeben hat, sagen wir einmal in London, Brüssel und Straßburg (wahrscheinlich sind aber doppelt so viele Tagungen an exponiert gelegenen, d. h. höhere Kosten verursachenden Konferenzorten veranstaltet worden), dann ergibt sich ein Betrag in Höhe von etwa 300 000 Mark. Dabei nehmen wir an, daß es drei Teilnehmer je Land und Tagung gab, daß die Reisekosten durchschnittlich jeweils 1000 Mark (= 90 000 DM) betrugen und daß die Konferenzkosten einschließlich Dolmetschern, Sekretariaten, Empfängen und Ausflügen (so etwas wird als »landeskundliche Exkursionen« vor dem Rechnungshof getarnt) bei rund 210 000 Mark lagen.

Damit sind noch keine Personalkosten erfaßt. Für jeden beteiligten Beamten wird man zur Teilnahme an vorbereitenden Besprechungen im eigenen Ministerium und zur Abstimmung mit anderen Ressorts von einer Abwesenheit vom Arbeitsplatz in einer Größenordnung von wenigstens einem Monat auszugehen haben. Vor- und Nacharbeit dürften ebenfalls einen solchen Zeitfonds erforderlich machen. Das heißt, daß die unmittelbar Beteiligten bereits je Person mindestens die Kosten für drei Monatsgehälter verursachen. Bei Ministerialbeamten (rechnen wir nur damit, daß es sich um Regierungsdirektoren und Ministerialräte der Besoldungsgruppen A 15 bis B 3 handelt) liegt man nicht zu hoch, wenn man von 12 000 Mark Brutto-Monatskosten ausgeht (Gehalt, Ortszuschlag, Ministerialzulage, Aufwendungen für Beihilfen zu Kuren und im Krankheitsfall, Rückstellungen für die Altersversorgung). Im Jahr 1994 lagen nach Angaben des Personalkostenrundschreibens des Bundesinnenministeriums die jährlichen Gesamtkosten für einen Beamten der Besoldungsgruppe A 16 – ohne Ministerialzulage – bei 146 304 Mark. Mit unserer Schätzung unterschreiten wir daher die tatsächlichen Kosten.

Legt man dies zugrunde, ergibt sich bei drei »zuständigen« Beamten ein Betrag in Höhe von wenigstens 72 000 Mark. Rechnet man damit, daß jeder Tagungsteilnehmer sich mit mindestens zehn Kollegen im eigenen Ministerium (Berichterstattung an Vorgesetzte, Information der sonstigen »mitzeichnungspflichtigen und -berechtigten« anderen Abteilungen und Referate) und in den ebenfalls betroffenen weiteren Ressorts abzustimmen hat und daß deren Arbeitskraft pauschal mit drei weiteren Personal-Monaten anzusetzen ist, liegen diese Kosten bereits in einem einzigen Land bei 100 000 Mark.

Das Ratifizierungsverfahren seinerseits macht die Einschaltung der nationalen Parlamente erforderlich und führt damit noch einmal zu bemerkenswerten Kosten, auf die zwar im Staatsbetrieb niemand achtet, auf die man angesichts der öffentlichen Verschwendung auf diesem Gebiet aber einmal aufmerksam machen muß: Allein die technische Herstellung der notwendigen Drucksachen für die 672 Abgeordneten des Deutschen Bundestages kostet mindestens 25 000 Mark; die Personalkosten in diesem Bereich schätzen wir auf – niedrig gegriffen – weitere 100 000 Mark (denn jeder Abgeordnete braucht notwendigerweise wenigstens eine Sekretärin und einen akademisch vorgebildeten Mitarbeiter, um sich durch den Wust derartiger Papiere hindurchfressen zu können). Auch wenn ihn der konkrete Vorgang mangels eigener Zuständigkeit überhaupt nicht interessieren muß, sind hierfür bei 672 Abgeordneten wenigstens jeweils rund 20 Minuten anzusetzen. Das entspricht für die nicht unmittelbar beteiligten Parlamentarier insgesamt wenigstens einem Personal-Monat; bei den direkt »zuständigen« rund hundert Abgeordneten ist – einschließlich der entsprechenden Wege- und Wartezeiten anläßlich der verschiedenen Sitzungstermine in den beteiligten Ausschüssen (Umwelt, Recht, Außenpolitik) und im Plenum des Bundestages – von wenigstens zehn Stunden Arbeitszeit auszugehen. Das macht umgerechnet auf das Parlament als Ganzes wenigstens fünf Personal-Monate aus. Angesichts der Parlamentarierbesoldung (einschließlich aller Nebenaufwendungen für Fahrbereitschaft, Anreisekosten, Unterkunft in Bonn etc.) kommen wir mit dieser vorsichtigen Schätzung immerhin auf rund eine halbe Million Mark weiterer Kosten.

Die für das Ratifizierungsverfahren erforderliche Beteiligung des Bundesrates kostet bei Berücksichtigung des entsprechenden Sachmittel- und Arbeitsaufwandes in den 16 Staatskanzleien und allen betroffenen Ressorts, der Reisen zu den auch hier unerläßlichen vorbereitenden Beratungen auf der »Arbeitsebene« sicher noch einmal diesen Betrag.

Legt man alle Gemeinkosten des politischen Betriebes (vom Presseamt der Bundesregierung bis zum Amtsgehalt des Bundespräsidenten bzw. die Personalkosten, die durch derartige Vorgänge zusätzlich im Bundespräsidialamt entstehen) noch auf den konkreten Vorgang um, sind bis zum Inkrafttreten des Abkommens auf diese Weise mindestens fünf Millionen Mark allein in Deutschland ausgegeben worden – ohne daß auch nur ein einziger konkreter Schritt zum Schutz der Fledermäuse getan worden wäre. Und selbst wenn man unterstellt, daß dies Verfahren in den übrigen zehn beteiligten Staaten nur jeweils 50 Prozent der deutschen Kosten verursacht, kommen wir doch auf eine Summe von etwa 30 Millionen Mark.

Das bisherige Verfahren hat zudem für die Fledermäuse, denen zuliebe angeblich das ganze Unternehmen in Gang gesetzt wurde, buchstäblich nichts gebracht – man beachte nur einmal den Unterschriftstermin unter dem Abkommen (4. Dezember 1991) und das Datum der Veröffentlichung des Ratifizierungsgesetzes (28. Juli 1993); schon bis zur Unterzeichnung sind ja bereits Jahre für »Vorarbeiten« vergangen; bis zur Hinterlegung der ausreichenden Zahl von Ratifizierungsurkunden dauert es nochmals geraume Zeit.

Und was werden Gesetz und Abkommen leisten, wenn sie endlich in Kraft getreten sind? Angesichts der erwähnten Ausnahmeregelungen ist die Prognose, daß es völlig leer laufen und in der Sache buchstäblich nichts bringen wird, keine bösartige Unterstellung, sondern unbezweifelbare Tatsache.

Aber da sind doch wenigstens die Berichterstattungs- und Erörterungspflichten bei den vorgesehenen Dreijahrestagungen? O ja, das ist – wir sind ja inzwischen in unseren Erwartungen an den politischen Betrieb bescheiden geworden – sicher schon etwas! Nur: Braucht man dazu den großen Aufwand des Abkommens- und Gesetzgebungsverfahrens? Und den ganzen bürokratischen Vor- und Nachlauf? Würde es nicht ausreichen, wenn die Minister mündlich (selbst so etwas würde ja protokolliert und damit für künftige Überprüfungen fixiert) vereinbarten, alles ihnen Mögliche zum Schutz der Fledermäuse zu tun und darüber in drei Jahren eine von Fachleuten besuchte Konferenz abzuhalten, in der die Öffentlichkeit über den Stand der Maßnahmen, die tatsächlich zum Schutz der Fledermäuse in den einzelnen Ländern getroffen wurden, informiert wird? Das hätte den gleichen Effekt, man könnte für 30 Millionen Mark etwas Sinnvolles bewirken und dieser Betrag würde sich nicht im politisch-administrativen Dschungel ohne jeden praktischen Effekt verflüchtigen.

Das sei eine Milchmädchenrechnung, weil die Kosten des Systems sowieso entstehen und es daher gleichgültig ist, ob die Mittel hierfür oder für einen anderen Zweck durch die Bürokratie verbraucht werden? Wenigstens würde hierdurch die öffentliche Aufmerksamkeit auf ein besonderes Anliegen des Natur- und Artenschutzes gelenkt?

Die Perversion, die sich in einer solchen Argumentation artikuliert, wird offenbar schon gar nicht mehr wahrgenommen. Wie sonst könnte ernsthaft in Erwägung gezogen werden, den Umfang des öffentlichen Dienstes (des *so beschäftigten* öffentlichen Dienstes!) auf keinen Fall in Frage zu stellen, weil sonst die Zahl der Arbeitslosen weiter stiege! Als sei jede Form der Beschäftigung ein Gut, das ganz unabhängig davon, ob es Beiträge zur Wertschöpfung leistet, bereits positiv zu bewerten wäre! Daß auf diese Weise Schmarotzer zu Lasten der Gemeinschaft durchgefüttert werden, nimmt man gar nicht mehr wahr.

Das Gegenteil ist richtig: Öffentlich Bedienstete, die keiner produktiven Beschäftigung nachgehen und keine unverzichtbaren hoheitlichen Aufgaben wahrnehmen, vermehren den Sand im Getriebe der Volkswirtschaft. Nach einer McKinsey-Studie aus dem Jahr 1995 könnte »es in Deutschland fast fünf Millionen Arbeitsplätze mehr geben ..., wenn die Regulierungen auf das Maß vergleichbarer Industrieländer zurückgeführt würden«.

Die ohne Sinn und Zweck beschäftigten Staatsbediensteten tragen somit nicht nur nichts zum allgemeinen Wohl bei, sie behindern dessen Entwicklung. Wohin also mit ihnen? Man sollte sie lieber nach Hause schicken und ihnen – wenn es denn arbeitsrechtlich nicht anders geht – ihr Gehalt lassen. Das wäre billiger und für die Entwicklung unseres Landes nützlicher!

Der aufgeblähte Staatsapparat

Am 30. Juni 1994 setzte sich der öffentliche Dienst nach den Angaben des Statistischen Bundesamtes – und diese Daten haben sich mittlerweile allenfalls marginal und keineswegs in jeder Beschäftigtengruppe nach unten verändert – folgendermaßen zusammen:

- 1 979 442   Vollzeit-Beamte
- 205 303   Teilzeit-Beamte
- 2 099 269   Vollzeit-Angestellte
- 636 267   Teilzeit-Angestellte
- 841 055   Vollzeit-Arbeiter
- 333 008   Teilzeit-Arbeiter

Das bedeutet, daß der Staat – ohne den weiten Bereich der Quasi-Staatsbetätigung im Sozialbereich, in dem nochmals rund eine halbe Million Mitarbeiter tätig sind – mehr als 4,9 Millionen Beschäftigte in Vollzeit-Positionen hat, zu denen rund 1,2 Millionen Teilzeit-Beschäftigte kommen, deren durchschnittliche Arbeitszeit auf jeden Fall deutlich über der von »Halbtagsjobs« liegt. In »Vollzeitäquivalente« umgerechnet, bedeutet dies, daß über 6 Millionen Staatsdiener in Deutschland ihren Aufgaben nachgehen. Die jährlichen Kosten hierfür machen inzwischen über 300 Milliarden Mark aus, was einem Anteil von fast 10 Prozent des Bruttosozialprodukts entspricht. In diesen Zahlen sind die Ruhestandsbezüge von 850 000 (im Jahr 1990) pensionierten Beamten enthalten, deren Zahl derzeit auf Grund des Anschwellens des öffentlichen Dienstes zu Beginn der siebziger Jahre nun wegen des Erreichens des Pensionsalters kontinuierlich steigt.

Eine Betrachtung der Entwicklung des gesamten öffentlichen Dienstes belegt, daß er nicht nur insgesamt ständig zunimmt, sondern auch, daß die Zahl der »Häuptlinge« im Verhältnis zu den »Indianern« ständig überproportional wächst, d. h., daß die Zahl der Beschäftigten in den niedrigeren Laufbahngruppen (einfacher und mittlerer sowie gehobener Dienst) keineswegs so stark zugenommen hat wie im höheren Dienst. Vom Stellenabbau seit Mitte der achtziger Jahre war der höhere Dienst nicht nur nicht betroffen, er hat sogar zugenommen, wenngleich sich dieser Anstieg aus den amtlichen Statistiken nur schwer erschließen läßt, da gleichzeitig mit Bahn und Post große Bereiche aus dem öffentlichen Dienst ausgeschieden sind, zu denen traditionell auch große Zahlen von Beamten des höheren Dienstes gehörten.

Relativer Anstieg der Laufbahngruppen im Bundesdienst in Prozent

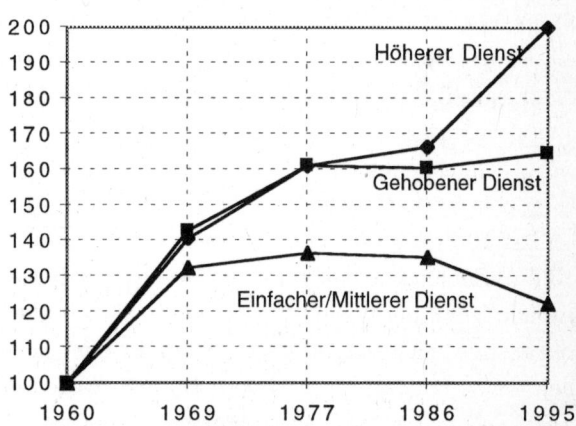

Diese Angaben beschränken sich bewußt auf das alte Bundesgebiet und die Zeit vor der Wiedervereinigung, um eine statistische Verfälschung auszuschließen. Die Zahlen lägen noch höher, bezöge man die fünf neuen Bundesländer mit ein. Ein Großteil der derzeit dort bestehenden Finanznöte resultiert aus dem im Verhältnis zur Einwohnerzahl viel zu hohen Anteil öffentlich Bediensteter.

Aber auch innerhalb der Beamtenstellen gibt es ein deutlich überproportionales Wachstum bei den höheren Stellen:

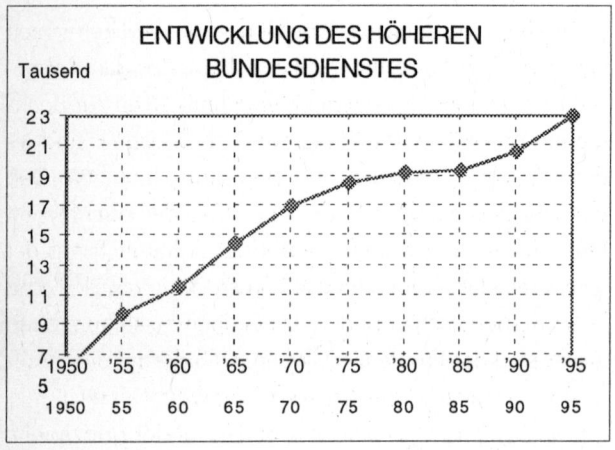

Dabei hat sich das Verhältnis der niedrigeren zu den höheren Positionen kontinuierlich nach oben verschoben. Dies zeigt besonders eindringlich die Zunahme der Bundesbeschäftigten, die nach der den Führungskräften vorbehaltenen B-Besoldung vergütet werden:

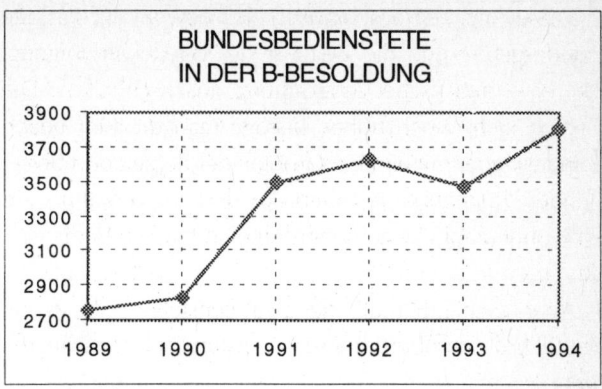

BUNDESBEDIENSTETE IN DER B-BESOLDUNG

Diese Entwicklung ist nichts Neues. Sie wird bereits seit Jahren beklagt. Die Öffentlichkeit scheint sich damit abgefunden zu haben. Ernstzunehmende Initiativen zur Beendigung und Rückschneidung dieses Wachstums sind jedenfalls nirgends festzustellen. Ganz und gar nichts haben wir von den Aktivitäten zur Änderung des öffentlichen Dienstrechts zu erwarten. Sie basieren nämlich auf der Annahme, daß es nur darauf ankomme, für mehr Fleiß und Leistungsbereitschaft in den Amtsstuben zu sorgen, dann werde sich das Problem erledigen. Daß die auf diese Auffassung gestützten Maßnahmen nichts weiter als ein Kurieren an Symptomen darstellen und keinerlei prinzipielle Wende einleiten können, wird uns noch beschäftigen.

Die mitgeteilten Zahlen belegen jedenfalls zweierlei: Einen Anstieg der unbedingt nötigen Staatsaufgaben, wie sie das Wachstum des öffentlichen Dienstes nahezulegen scheint, gibt es nicht – weder ist die Zahl der Mitbürger gestiegen, noch unterscheiden sich die Anforderungen (etwa aus Gründen der Abwendung möglicher Gefahren technischer Großanlagen) von der Situation beispielsweise in den USA, wo man mit einem erheblich geringeren Anteil öffentlich Bediensteter auskommt und sicher keinen größeren technischen Gefahren ausgesetzt ist.

Zum anderen belegt die Entwicklung der Binnenstruktur des öffentlichen Dienstes unsere These. Denn wäre die Zahl der zu erledigenden Arbeitsaufgaben gestiegen, hätte die Menge der niedrigeren Positionen verhältnismäßig stärker zunehmen müssen. Genau das Gegenteil ist aber der Fall. Und daraus ergibt sich zwingend die zweite Schlußfolgerung: Der weit überproportionale Anstieg des höheren Dienstes und darin wieder die exorbitante Aufblähung der oberen Gehaltsgruppen belegt, daß dieses Wachstum nicht zur Erledigung unbedingt erforderlicher Staatsaufgaben nötig war, sondern daß es das Ergebnis bürokratischer Strukturen ist. Da solche Vorgänge unterhalb der Aufmerksamkeitsschwelle der Politik liegen, kann sich die Bürokratie – ohne dafür irgendeine Legitimation in der Verfassung zu besitzen – zum Vormund der Staatsbürger aufschwingen.

**»Zwischeninstanzen« oder
Was legitimiert eigentlich den
Wissenschaftsrat?**

Von der Staatsrechtslehre inzwischen kaum noch beachtet, hat sich daneben eine weitere Ebene etabliert, die das Grundgesetz und in Anwendung der entsprechenden Artikel das Bundesverfassungsgericht in seinem berühmten

»Fernsehurteil« aus dem Jahr 1961 [BVerfGE 12, 205 ff (250 f)] ausdrücklich verboten hatte und die inzwischen über erhebliche verwaltungstechnische Kapazitäten und damit natürlich auch über bürokratische Macht verfügt. Gemeint sind »Zwischenorgane«, nämlich zwischen Bund und Ländern, wie z. B. die »Kultusministerkonferenz«, über die Kurt Biedenkopf 1993 in der Wochenzeitung »Die Zeit« urteilte, sie sei ein »Kartell der Immobilität«, was der Pforzheimer Oberbürgermeister 1994 in der »Frankfurter Allgemeinen Zeitung« folgendermaßen begründete: »Die Kultusminister, die nach den Landesverfassungen wirkliche Macht hätten, haben diese Befugnisse längst an die Kultusministerkonferenz in Bonn delegiert, die wegen des Prinzips der Einstimmigkeit zu grundlegenden Reformen unseres Bildungswesens unfähig ist.« Zu diesen die Kompetenzverteilung des Grundgesetzes faktisch aushebelnden Institutionen gehören auch »Kommissionen« wie der »Wissenschaftsrat«. Formal hält man sich natürlich an die Vorgabe des Grundgesetzes und die verbindliche Interpretation, die das Bundesverfassungsgericht den einschlägigen Artikeln gegeben hat, nämlich daß die Verwaltungsebenen »Bund« und »Länder« sind und daß es dazwischen keine anderen Behörden geben darf. Man verzichtet folgerichtig in den dennoch in diesem Bereich geschaffenen Ämtern formal auf vollziehende Verwaltungsakte. Aber de facto wirken die Verlautbarungen von Einrichtungen wie dem Wissenschaftsrat dann doch genau so, als habe eine zuständige Verwaltungsinstanz eine Entscheidung getroffen. Im Unterschied zum Erlaß verbindlicher Verwaltungsakte muß nach der Willensbildung in der »Zwischeninstanz« nur noch eine weitere Behörde tätig werden, um die konkrete Umsetzung der Entscheidung zu betreiben. Das heißt nichts anderes, als daß das Verbot des Bundesverfassungsgerichts umgangen und durch zusätzliche bürokratische Aktivitäten konterkariert wird.

Die tatsächliche Wirkung der meist mit dem harmlosen Begriff »Empfehlung« getarnten Beschlüsse solcher Gremien ist gewaltig. Sie läuft vor allem darauf hinaus, daß der vom Grundgesetz gewollte Wettbewerb zwischen den Bundesländern verhindert wird – eine Konsequenz, die sich vor allem auf die Leistungsfähigkeit des Bildungswesens verheerend auswirkt. Denn wo – wie z. B. in der Kultusministerkonferenz – auf einheitliche Bildungsabschlüsse geachtet werden muß, wird man immer nach unten nivellieren.

Der Beweis liegt auf der Hand: Die Anforderungen an das Abitur sind so weit abgesenkt worden, daß rund ein Drittel der mit der Studienberechtigung die Schule verlassenden jungen Leute mitnichten die Fähigkeit zur Aufnahme eines wissenschaftlichen Studiums mitbringt. Diejenigen Länder, die gegensteuern wollen, tun sich dabei außerordentlich schwer, denn ihre »Landeskinder« büßen es mit schlechteren Zugangschancen zu den besonders begehrten und daher mit Zugangssperren versehenen Studiengängen, weil die in anderen Ländern leichter zu erringenden besseren Abiturnoten ein wesentliches Zuteilungselement in dem natürlich auch diese Mangelverwaltung beherrschenden bürokratischen Verfahren darstellen. Und wenn sich die Kultusministerkonferenz in diesem Fall auch auf Sonderregelungen für Länder mit Zentralabitur geeinigt hat, das die Manipulation nach unten nicht ganz so einfach zuläßt – das Grundproblem, das solche Ausnahmen überhaupt notwendig macht, wird davon nicht berührt. Und auch hierfür müssen die entsprechenden Verwaltungskapazitäten vorgehalten werden.

Besonders kritisch ist in diesem Zusammenhang das Wirken des Wissenschaftsrates zu betrachten. Nach dem Staatsvertrag über seine Errichtung aus dem Jahr 1957 hat dieses Gremium im Auftrag des Bundes und der Länder Empfehlungen zum Ausbau der Hochschulen abzugeben. Seine »Wissenschaftliche Kommission« wird in einem komplizierten Verfahren besetzt. Die »Verwaltungskommission« besetzen der Bund und die 16 Länder paritätisch. »Empfehlungen« kommen nur zustande, wenn bei Abstimmungen eine Zweidrittelmehrheit erreicht wird. Das ist in der »Verwaltungskommission«, in der auch die Finanzminister vertreten sind, eine Garantie dafür, daß auf diesem zentralen Gebiet der Länderzuständigkeiten nichts gegen den Willen des Bundes entschieden werden kann.

Aber auch die Qualität der Empfehlungen der »Wissenschaftlichen Kommission« hat spätestens mit dem Datum der Wiedervereinigung in bemerkenswertem Ausmaß abgenommen. Die unter dem Präsidenten Simon eingerissenen Gefälligkeitsatteste für politische Wünsche einzelner Landesregierungen mögen im Blick auf die besonderen Empfindlichkeiten der neuen Länder zwar irgendwie verständlich gewesen sein. Sie haben aber die Fragwürdigkeit des ganzen Verfahrens im wünschenswerten Umfang aufgedeckt.

Nicht nur, daß die einzelnen wissenschaftlichen Mitglieder natürlich besondere Vorlieben pflegen und Schulen, aus denen sie selbst kommen, zu begünstigen trachten; das ist die prinzipielle Aporie, in der die Wissenschaft nun einmal steckt: Eine ihr übergeordnete Instanz, die zu objektiver Beurteilung der Qualität von Forschungsergebnissen fähig wäre, gibt es nicht. Und wer dennoch davon träumt, sollte an die kommunistische Diktatur zurückdenken, deren einzige Legitimation ja die Behauptung der Wissenschaftlichkeit ihres Ansatzes war. Wer jedoch eine der Wissenschaft vorgeordnete »Oberinstanz« nicht will, muß bereit sein, auch die Fragwürdigkeiten eines bescheideneren Systems der Wissenschaft in Kauf zu nehmen.

Schlimm ist, daß der Wissenschaftsrat sich im Zuge der Wiedervereinigung zur angeblich objektiven Legitimation regionalpolitischer Wünsche mißbrauchen ließ. Dies betrifft im Grunde genommen alle Empfehlungen zum Aus- und Aufbau der Universitäten in den neuen Bundesländern. So hat der Wissenschaftsrat trotz des allgemeinen Zwangs, die Zahl der Studienplätze in der Medizin abzubauen, nach einigem Hin und Her seine Meinung geändert und die zunächst ausgesprochene Empfehlung, eine Medizinische Akademie zu schließen, in das Votum umgeändert, sie zum Kern einer neuen Medizinischen Fakultät der dortigen Universität werden zu lassen und zusätzlich die erforderlichen Institute für die Vorklinik neu aufzubauen. Das löst nicht nur erhebliche weitere Personalkosten aus, sondern hat auch einen Investitionsbedarf in Höhe von 400 Millionen Mark für die noch nicht vorhandenen vorklinischen Institute geschaffen.

Dabei gab es für eine Vergrößerung der Zahl der Studienplätze in der Medizin weder hochschulstrukturelle noch wissenschaftliche oder gar die Infrastruktur unseres Landes betreffende Gründe – im Gegenteil, überall im Bundesgebiet müssen solche Studienplätze abgebaut werden, weil wir viel zu viele Ärzte ausbilden. Nach den Berechnungen der Krankenkassen bedeutet jeder zusätzlich niedergelassene Arzt eine Steigerung der Ausgaben für die Krankenbehandlung um eine Million Mark, da sich dann nicht die vorhandenen Ärzte die gleiche Patientenzahl teilen, sondern dadurch zusätzliche Nachfrage nach ärztlichen Leistungen erzeugt wird. Diese paradoxe Situation ist nur deshalb möglich, weil das System der Krankenversorgung nicht über den Markt, sondern bürokratisch gesteuert wird: Über die Inanspruchnahme der vom einzelnen Arzt angebotenen Behandlungen entscheidet derselbe Arzt. Der Patient erfährt nicht einmal, welche Leistungen der Arzt der jeweiligen Krankenkasse in Rechnung stellt. Ein solches System kann man nur mit Hilfe bürokratischer Kontrolle in den Griff bekommen. Der Versuch, gegenzusteuern und etwa die medikamentösen Verordnungen einzudämmen oder Leistungen schematisch zu begrenzen – wie die generelle Kürzung von Kuren um eine Woche –, führt sofort zu erheblichen Unzuträglichkeiten und erfordert im Sinne der beschriebenen Spirale weitere bürokratische Regelungen und Überwachungsmaßnahmen.

Die Empfehlung des Wissenschaftsrates zur Zukunft der erwähnten Medizinischen Akademie war daher eine opportunistische Verbeugung vor der Politik. Solche »Umfälle« ließen sich durch eine ganze Reihe weiterer Beispiele belegen.

Damit aber hat sich das Verfahren der wissenschaftlichen Politikberatung als solches diskreditiert. Man sollte es daher als Bestandteil der Institutionen der Staatsverwaltung abschaffen. Das dürfte erheblich leichter fallen, wenn die zuständigen Instanzen – in der Wissenschaftspolitik also die Länder – durch eine entsprechende Finanzausstattung in die Lage versetzt würden, die ihren Kompetenzen entsprechenden Aufgaben auch zu erfüllen. Die »Krücke« der Bundesbeteiligung führt nur zu überflüssigen, die wahren Gründe für die Entscheidungen verschleiernden bürokratischen Systemen und vernebelt damit die für das Funktionieren eines demokratischen Staatswesens unerläßliche Verantwortlichkeit der zuständigen Instanzen.

Man kann das Problem mit Kurt Biedenkopf auf eine allgemeine Argumentationsebene heben und folgendermaßen beschreiben: »Tatsächlich ist richtig, daß wir derzeit nicht in der Lage sind, die für die Erfüllung unserer Erwartungen oder Forderungen notwendige Komplexität der Gesellschaft zu organisieren und zu beherrschen … Traditionell reagieren unsere Institutionen und Verwaltungen auf derartige Sachverhalte nicht mit dem Versuch, die gewachsene Komplexität durch Vereinfachung der zu ihrer Beherrschung notwendigen Organisation in den Griff zu bekommen. Sie reagieren vielmehr mit der Ausweitung ihrer Aktivitäten und Zuständigkeiten, also mit einem Zuwachs an Kompliziertheit. Diese Reaktion erlaubt ihnen, ihren prinzipiell hierarchischen Charakter beizubehalten. Das heißt: Verwaltungen antworten auf wachsende Komplexität regelmäßig mit wachsender Kompliziertheit. Dies drückt sich vorrangig in einer Verstärkung des öffentlichen Personals und in einer Vermehrung der administrierten Regelwerke aus.«

Das »Becker-Gesetz« oder Je geringer die Kompetenzen, um so aufwendiger die Selbstdarstellung

Hinzu kommt aber noch ein Phänomen, hier als »Becker-Gesetz« bezeichnet, weil der Pforzheimer Oberbürgermeister, Joachim Becker, in seinem bereits zitierten Beitrag in der »Frankfurter Allgemeinen Zeitung« besonders eindrucksvoll darauf aufmerksam gemacht hat: Nach seinen Beobachtungen steht der Selbstdarstellungsdrang der Landespolitiker und -behörden in einem reziproken Verhältnis zu ihren Zuständigkeiten. Becker stellt fest, daß ein Großteil der früheren Länderaufgaben zum Bund abgewandert sind, der seinerseits Kompetenzen an Brüsseler Behörden abgeben mußte: »Früher hat ein junger Oberregierungsrat unter der Verantwortung des Ministerpräsidenten die Landespolitik koordiniert. Heute braucht es dazu Minister, parlamentarische und beamtete Staatssekretäre, Grundsatzabteilungen mit einer großen Entourage an Referenten, Hilfsreferenten, Schreibkräften und Aktuaren. (…) Mit abnehmender Zuständigkeit nimmt die

Selbstdarstellung in den Parlamenten zu. Genügte früher ein Telefonanruf beim Sachbearbeiter, so wurde später – als Nachweis politischen Handelns – ein Schreiben an den Minister notwendig, heute sind daraus Dringlichkeitsanträge geworden, damit die Regierung ihre Bürokratie mit der Beantwortung von Petitessen, die niemand wirklich interessieren, in Schwung hält. (...) Es gibt gigantische ungenutzte Reformpotentiale in den Amtsstuben, die Politiker haben es aber versäumt, sich diese nutzbar zu machen.«

Zivilcourage gegenüber Vorgesetzten oder Vernebelung der Probleme durch »Halbleiter«

Ergänzen kann man das Becker-Gesetz um den Begriff des »Halbleiter-Verfahrens«, das von der Politik zur Vernebelung von Schwierigkeiten, mit denen sie nicht fertig wird, eingesetzt wird. Es handelt sich dabei um das Phänomen, daß bei auftauchenden Problemen eine Lösung stets auf dem Weg des geringsten Widerstandes gesucht wird: Ein Halbleiter ist ja ein Widerstand, der in einer Richtung – im übertragenen Sinne in der öffentlichen Verwaltung von oben nach unten – durchlässig ist. Hat man den »Halbleiter« (sprich: die erforderliche Planstelle für einen zuständigen Beamten, die inzwischen sprichwörtlich gewordene »Arbeitsebene«) geschaffen, scheint die Welt – etwa der Haushaltsplan – in Ordnung zu sein. Mit den Problemen können sich dann Bedienstete beschäftigen und Lösungen suchen, die zwar politisch keine Verantwortung tragen, die aber die Probleme de facto aus der Welt schaffen müssen. Die Politiker haben davon den Vorteil, daß sie es sich mit den negativ Betroffenen nicht verderben. Denn selbst und gerade wenn Unsinn dabei herauskommt, kann man die Verantwortung ja, ohne mit der Wimper zu zucken, ad libitum auf die »unfähigen« oder »faulen« Beamten abschieben, das Problem im übrigen jedoch formal für erledigt erklären.

Das Hauptbeispiel für diese Praxis liefert die Verteilung des Steueraufkommens zwischen Bund und Ländern: Die Politik ist aus sehr unterschiedlichen Gründen – meist wegen regionalpolitischer Tabus, die aus wahltaktischen Rücksichtnahmen entstanden sind und konserviert werden – nicht in der Lage zu eindeutigen Lösungen, die klare Verhältnisse schaffen und damit auch geringeren Koordinierungsaufwand bewirken würden. Daher wird nicht nur über Prozentpunkte der Verteilung des Aufkommens aus den einzelnen Steuerarten gerungen. Lösungen werden vielmehr immer wieder durch Manipulationen an den Zuständigkeitsregelungen herbeigeführt, was die Hauptursache für das heute bestehende komplizierte, verwaltungsaufwendige und ineffiziente System des Einander-Dreinredens ist.

Der folgenschwerste »Sündenfall« auf diesem Gebiet trägt die Handschrift von »Plisch und Plum« – des damaligen Bundesfinanzministers Franz Josef Strauß und des Bundeswirtschaftsministers Karl Schiller. Plisch und Plum sind zwei Hunde in einer Geschichte von Wilhelm Busch, die sich auf Kosten ihrer Umwelt ein schönes Leben machen. Den ihnen von der Bonner Presse verliehenen

Spitznamen haben Strauß und Schiller stolz selbst verwendet – und weder ihnen noch sonst jemandem ist der tiefere Sinn dieser Namensgebung aufgefallen! Strauß und Schiller haben in großer Übereinstimmung zu Zeiten der Großen Koalition – anstatt bei der Verteilung des Steueraufkommens zwischen Bund und Ländern dafür zu sorgen, daß die Länder ihren hohen Aufgaben in der Kulturpolitik und damit vor allem auch in der Wissenschaftspolitik besser gerecht werden können – die »Gemeinschaftsaufgaben« erfunden (Art. 91 a und 91 b GG), zu deren Bewältigung angeblich nur Bund und Länder gemeinsam in der Lage seien. Dies wurde im Grundgesetz festgeschrieben, und damit waren die Länderzuständigkeiten in ihrem wesentlichen Punkt ausgehöhlt. Die Verantwortung für die damit verbundene Verwischung der Kompetenzen tragen noch eine ganze Reihe weiterer zu ihrer Zeit prominenter Politiker, wie z. B. die gesamte Führung der FDP, der frühere nordrhein-westfälische Kultusminister Paul Mikat (CDU) und der damalige Bundespräsident Heinrich Lübke.

Angesichts der gewaltigen Aufgaben, die die Wiedervereinigung der öffentlichen Hand zur Sanierung der Universitätsgebäude in den neuen Bundesländern gebracht hat, wirkt sich der dadurch ausgelöste Streit um die Finanzierungsanteile von Bund und Ländern verheerend aus. Da die Bundesländer aus eigener Kraft nicht in der Lage sind, die erforderlichen Investitionen zu finanzieren, die Probleme aber gebieterisch nach Lösungen verlangen, konnte dieses Feld z. B. als Druckmittel zur Durchsetzung von Forderungen beim Streit um die Verteilung der Steuereinnahmen instrumentalisiert werden, der mit der Wissenschaftspolitik überhaupt nichts zu tun hat.

Selbst innerhalb der Grenzen, in denen dieses »Abstimmungssystem« einigermaßen funktioniert, schafft es beträchtlichen Verwaltungsaufwand, der den Routinebetrieb der Koordinierung zwischen den beteiligten Ressorts von Bund und Ländern bestimmt, die Lösung von Sachaufgaben empfindlich behindert und darüber hinaus unerträglich verzögert. Wenn Hochschulbaumaßnahmen in den alten Bundesländern durchschnittlich zwischen sieben und zehn Jahre dauern, dann hat dies nichts mit faulen Beamten oder einer unfähigen Bauverwaltung zu ·tun, sondern vor allem mit den umständlichen Entscheidungsverfahren zwischen Bund und Ländern und der lähmenden Beteiligung überflüssiger Behörden – wie des Wissenschaftsrates.

Zugleich bietet die Weigerung des Bundes, seine Finanzierungsbeiträge für den Hochschulbau entsprechend dem Bedarf zu erhöhen, den Länderfinanzministern ein willkommenes Argument gegenüber den Wissenschaftsministern und ihren Länderparlamenten, die eigenen Aufwendungen »leider« begrenzen zu müssen: Wo die Komplementärmittel des Bundes – die nach dem Hochschulbauförderungsgesetz 50 Prozent der anerkannten Kosten ausmachen – nicht zur Verfügung stehen, wird man nicht verlangen können, daß das Land eigene Mittel einsetzt, auf diese Weise den Bund entlastet und dadurch indirekt die übrigen Bundesländer subventioniert!

Das »Halbleiter-Verfahren« betrifft aber nicht nur die »große« Politik. Viel stärkere Wirkungen entfaltet es im

Behördenalltag, weil es nahezu kein Amt gibt, das so aus-
gestattet wäre, daß es seine Aufgaben ordentlich erfüllen
könnte. Das beginnt schon bei der Zuteilung von Räumen: Die Planung für Hochschulbauten ist – das beweisen die auf empirischen Untersuchungen beruhenden
oben mitgeteilten Zahlen – mindestens sechs Jahre vor
Fertigstellung abgeschlossen; die Situation hat sich mittlerweile natürlich geändert; das fertige Bauwerk ist zu
klein oder nicht funktionsgerecht, weil die Studentenzahlen gestiegen sind oder weil neue Forschungsmethoden
die Anforderungen an die technische Ausstattung verändert haben.

Wo aber zentrale Entscheidungsinstanzen de facto –
wie beschrieben – wirken, werden Abweichungen nicht
geduldet. Ob man einen Neubau der Universität in München, dem Saarland, in Münster oder Kiel betritt – der
Ausstattungsgrad der Laboratorien, die Größe der Profes-
soren-Arbeitszimmer, das Mobiliar der Hörsäle und
Bibliotheken weichen allenfalls in Nuancen voneinander
ab – sprich: Die gleichmacherische »Beratungstätigkeit«
des Wissenschaftsrates beseitigt jede regionale Konkurrenz um die bestausgestatteten Hochschulen. Die entsprechenden »Rahmenpapiere« für die Prüfungsordnun-
gen, die in einer umständlich arbeitenden gemeinsamen
Kommission von Kultusminister- und Hochschulrektoren-
konferenz (»Gem-Ko«) ausgehandelt werden, tun ein
übriges: In den deutschen Universitäten herrscht öde
Gleichförmigkeit. Versuche, auf irgendeinem Gebiet ori-
ginell zu sein und etwas Neues zu probieren, werden
zwar immer wieder unternommen – gelegentlich sogar

mit Erfolg. Aber dies ist dann nicht der freie Chancen eröffnenden Hochschullandschaft zu verdanken, sondern im Gegenteil mit erheblichem Aufwand gegen ihre gleichmacherische Struktur erkämpft.

Wichtiger ist noch, daß die Gestaltung der Haushaltspläne es den einzelnen Dienststellen grundsätzlich nicht erlaubt, den gesetzlich vorgeschriebenen Aufgaben ohne Einschränkungen nachzukommen. So besteht z. B. die Vorschrift, für jedes öffentlich genutzte Gebäude von fachlich dazu ermächtigten Firmen Brandschutzpläne erstellen zu lassen. Fünf Jahre lang hat die Universität Leipzig die erforderlichen Mittel beantragt, um dieser gesetzlichen Pflicht genügen zu können. Alle entsprechenden Gesuche wurden abgelehnt. Die Folge: Die für die Sicherheit verantwortlichen Mitarbeiter legen ihren Protest schriftlich nieder und führen beim jeweiligen Vorgesetzten Beschwerde darüber, daß sie gehindert werden, ihren gesetzlichen Verpflichtungen nachzukommen. Das ist allein deshalb erforderlich, weil auf diese Weise im Schadensfall ein Nachweis darüber möglich ist, daß man als für das Objekt Verantwortlicher seiner Pflicht nachgekommen ist. Aus dem gleichen Grund befassen die Vorgesetzten die jeweils nächsthöhere Instanz mit diesem Problem. Das Finanzministerium, an seiner Spitze auf die Problematik angesprochen, weist den Ausweg: »Stellen Sie doch einen Antrag auf ›überplanmäßige Ausgaben‹!«

Dabei wird verschwiegen, daß ein solcher Antrag einen »Deckungsvorschlag« enthalten muß, d. h., die antragstellende Behörde muß die erforderlichen Mittel an anderer Stelle ihres Haushalts einsparen. Dazu ist sie aber höchstens dann in der Lage, wenn Ausgaben zufällig einmal nicht entstehen. Das kommt zwar gelegentlich vor, nämlich weil die Anmeldung des finanziellen Bedarfs in der Regel anderthalb Jahre vor dem Inkrafttreten des jeweils aktuellen Haushaltsplans zu erfolgen hat, so daß sich immer wieder Verschiebungen ergeben. Da die Mittel aber stets knapp kalkuliert werden, entsteht umgekehrt in den meisten Fällen an unerwarteten Stellen zusätzlicher Bedarf, für den die tatsächlich möglichen Einsparungen in aller Regel nicht ausreichen.

Die Liste der Beispiele, in denen die Kompetenz zur Mittelverwaltung und die Verantwortlichkeit für die Einhaltung gesetzlicher Bestimmungen auseinanderfällt, ist lang. So kommt es, daß andere Dienststellen die Verantwortung für etwas tragen und nicht diejenigen, denen die zugehörige Entscheidungsbefugnis zusteht.

Ein Beispiel soll noch genannt werden: Es ist seit dem Tag des Beitritts der DDR zur Bundesrepublik Deutschland bekannt, daß technische Sicherheitsanforderungen für Forschungslabors vom 1. Oktober 1996 an den gesetzlichen Vorschriften der Bundesrepublik entsprechen müssen. Deshalb bemühte sich die Universität Leipzig, für die chemischen Laboratorien die aus Sicherheitsgründen vorgeschriebenen »Augenduschen« installiert zu bekommen. Über die Prioritäten bei den aus dem Bauhaushalt zu finanzierenden Aufgaben haben die Baubehörde und die Oberfinanzdirektion letztlich zu entscheiden. Die Wünsche der Universität wurden fünf Jahre lang ignoriert. Als »Betreiber« der Anlagen haftet aber die Universität bei Unfällen. Strenggenommen hätte sie die – den Vorschriften nicht entsprechenden – Anlagen am 1. Oktober 1996 stillegen müssen. Sie hat aber gleichzeitig die Ausbildungsverpflichtung gegenüber ihren Studierenden. Gäbe es die entsprechenden Laborkurse nicht, könnte die Abhaltung dieser vom Studienplan vorgeschriebenen Veranstaltungen gerichtlich erzwungen werden. Das in der öffentlichen Verwaltung übliche Verhalten liefe darauf hinaus, ein solches Urteil abzuwarten – weil dann nicht einmal das Parlament dem Einsatz der erforderlichen Mittel widersprechen könnte. Es ist nicht zuviel behauptet, daß Verwaltungsbeamte sich deshalb über solche Prozesse und Urteile sogar freuen – entbindet sie dies doch von persönlicher Verantwortung und zwingt den Steuerzahler, die verlangten Mittel aufzuwenden.

Wo sich aber eine Verwaltung bemüht, mit diesen Schwierigkeiten so fertig zu werden, wie es Anstand und Amtseid verlangen, entsteht ein überhaupt nicht zu verantwortender Einsatz an Arbeitskraft und Verschleiß von Managementkapazität. Die Beratungsstunden, die verbraucht werden, um Lösungen für Fälle zu suchen, in denen es einzig und allein darum geht, gesetzlichen Verpflichtungen nachkommen zu können, hat bisher niemand erfaßt. Die Aufklärung dieser Zahl dürfte aber ergeben, daß sich ein großer Teil der fehlenden Mittel durch die Abschaffung dieser Praxis aufbringen ließe.

Das trifft noch mehr auf das gängige Verfahren zu, zwar einen Haushalt in einigermaßen erträglicher Höhe zu bewilligen, ihn aber mit Pflichten zu allgemeinen Minderausgaben zu versehen oder durch Sperren für die Wiederbesetzung von Personalstellen de facto zu kürzen. Im Universitätsbereich wirkt dies vor allem in zwei Richtungen: Der Koordinierungsaufwand zur Einsparung der Mittel vergrößert sich, je weniger pauschal eine Universitätsverwaltung solche Kürzungen an die einzelnen Einrichtungen der Hochschule weitergeben will und oft kann. Da die Ressourcen ohnehin in aller Regel nur ausreichen, um einen Sockel des Bedarfs zu finanzieren, bleibt angesichts offener Rechnungen für den Grundbedarf etwa an elektrischem Strom, Wasser, Abwasser und die unverzichtbaren Aufwendungen für Chemikalien und anderes Unterrichtsmaterial kaum ein Rest, um die von allen Seiten geforderte und angeblich durch den Haushaltsplan als ausdrücklicher Schwerpunkt vorgesehene bessere Ausstattung für in der Forschung besonders erfolgreiche Wissenschaftler verwirklichen zu können.

Von noch schlimmerem Einfluß sind die pauschalen Sperren für die Wiederbesetzung von Stellen, die wegen des Ausscheidens von Mitarbeitern frei werden. In der Verwaltung mag man für eine gewisse Zeit mit etwas weniger Personal auskommen. Es ist zwar ärgerlich, wenn dadurch für die Erledigung von Reisekostenabrechnungen oder Buchbestellungen mehr Zeit benötigt wird, als es an sich erforderlich wäre. Schlimm sind solche Sperren aber auf jeden Fall im unmittelbar wissenschaftlichen Betrieb – zumal der neuen Bundesländer. Deren gewaltiger Stellenabbau ging nicht ohne erhebliche soziale Härten ab: Allein an der Universität Leipzig mußten – ohne Klinikum – von über 8500 Mitarbeitern mehr als 5000 ihren Arbeitsplatz verlassen. Daher war es verständlich, daß versucht wurde, ältere Assistenten mit sozialen Verpflichtungen von Kündigungen auszunehmen. Ihre – an sich zeitlich zu begrenzenden – Arbeitsverhältnisse wurden »entfristet«, weil man einem hochspezialisierten Wissenschaftler im Alter von 50 Jahren, der sich zu Zeiten der DDR nichts hatte zuschulden kommen lassen, nicht den Stuhl vor die Tür stellen konnte – besonders dann, wenn er in der DDR nur deshalb keine Karriere gemacht hatte, weil er sich den politischen Forderungen der SED-Diktatur nicht anpassen wollte.

Das hat nun aber ausgesprochen negative Auswirkungen für den heutigen wissenschaftlichen Nachwuchs: Die Stellen dafür sind langfristig besetzt, eine Wissenschaftlerkarriere ist somit für viele jetzt nachwachsende qualifizierte Nachwuchskräfte verbaut. Die Stellenbesetzungssperren, die Sachsen 1995 verhängt hat, haben in vielen Fällen sogar den Allerbesten die Chance zur Fortsetzung ihrer wissenschaftlichen Karriere genommen, selbst wenn wider Erwarten doch einmal eine solche Nachwuchsstelle frei wurde. Welche Verrenkungen die Universitätsverwaltung vollziehen mußte, und wie viele Arbeitsstunden in die oft genug dann doch erfolglosen Bemühungen gesteckt wurden, um Lösungen für solche Probleme zu finden, damit wenigstens die exzellenten Nachwuchskräfte im Lande gehalten werden können, ist den Landespolitikern, die diese Situation zu verantworten haben, offenbar überhaupt nicht bewußt. Setzt man dies in ein Verhältnis zu den geschilderten völlig nutzlosen Tätigkeiten ganzer Verwaltungszweige, wird der Zwang zu einschneidenden Änderungen für die Gestaltung der öffentlichen Verwaltung noch einmal deutlich.

Das »Halbleiter-Verfahren« hat schließlich noch einen weiteren Effekt, der die politisch verantwortliche Ebene der Ministerien von Informationen über den realen Zustand ihres Verantwortungsbereichs nahezu vollständig abkoppelt. Wir haben bereits konstatiert, daß »Halbleiter« nur in einer Richtung – in der Verwaltung von oben nach unten – durchlässig sind. Das heißt, die politisch Verantwortlichen werden von der Kenntnis über die tatsächlichen Zustände systematisch abgeschnitten: Richtet ein Rektor an einen Minister oder gar den Ministerpräsidenten eine Bitte, landet sie (natürlich) auf dem Schreibtisch des zuständigen Ministerialreferenten. Der aber sieht in jedem derartigen Hilferuf eine Beschwerde, denn wenn er gegenüber dem Staatssekretär oder dem Minister einräumen müßte, daß es in seinem Amtsbereich Probleme gibt und etwas nicht nach Wunsch läuft, dann müßte er gewärtigen, dafür verantwortlich gemacht zu werden. Also richtet er seine ganze Kraft nicht auf die Beseitigung des Mangels, sondern auf den Nachweis, daß der behauptete Mißstand gar nicht existiert. Die Leitung des Ministeriums nimmt solche Berichte dankbar entgegen und billigt die abweisende Antwort »des Hauses« an den Petenten. Es muß sich schon um Probleme handeln, die die Schwelle der öffentlichen Diskussion erreichen, wenn Eingaben an die Regierung etwas bewirken sollen. Und da der Grat zwischen diplomatischer Zurückhaltung und Opportunismus nun einmal sehr schmal ist, hält sich nahezu jeder mit Interventionen bei den Politikern zurück, der angesichts einer Bitte an den Minister auch nur einmal das Folgende zu hören bekommen hat – und dabei handelt es sich um ein wörtliches Zitat: »Warum beschweren Sie sich eigentlich über mich? Jetzt muß ich mich rechtfertigen und kann nicht die normalen Anliegen Ihrer Einrichtung bearbeiten!«

Ressourcenverschwendung oder Wie der Staat baut

Ein besonders krasses Beispiel dafür, wie im öffentlichen Bereich die ineffizienten Kosten ständig weiter steigen, bieten die Bauprojekte auf den verschiedenen Ebenen der Staatsverwaltung. Für ihre, wie wir gezeigt haben, jedes Maß überschreitende Aufblähung benötigt sie selbstverständlich Gebäude, in denen sie ihren Tätigkeiten nachgehen kann. Aber auch dort, wo Dienstleistungen erbracht werden, wie in Schulen oder Universitäten, sind aufwendige Bauten erforderlich, die zu errichten und instand zu halten einen großen Anteil der Steuereinnahmen erfordert.

Bauunterhalt und kleine Baumaßnahmen

In den neuen Bundesländern sind nicht nur die Wohnhäuser, sondern samt und sonders auch alle öffentlichen Gebäude in einem beklagenswerten Zustand, sei es, weil man Vorkriegsbauten dem Verfall überließ, oder sei es, weil die in DDR-Zeiten errichteten Neubauten wegen der schlechten Qualität der verwendeten Materialien nur eine kurze Nutzungsdauer haben. Davon konnte man sich nach der Vereinigung auch als Laie selbst bei nur oberflächlicher Betrachtung schnell ein Bild machen: Gänge und Dienstzimmer waren öde und verschlissen, die Elektro-, Heizungs- und Sanitärtechnik spottete in aller Regel jeder Beschreibung. Daher war es keine Überraschung, daß zunächst ein großer Teil der Investitionen der Herstellung einer akzeptablen Gebäude-Infrastruktur diente.

Da man das Rad nicht neu erfinden wollte und es schnell gehen mußte, übertrug man die Verfahrensweisen des Westens für öffentliche Baumaßnahmen auf die neuen Bundesländer. Dabei wurde nicht berücksichtigt – was jedem Insider bekannt war –, daß die Verfahren der alten Bundesländer für das öffentliche Bauwesen geradezu Musterbeispiele für das genaue Gegenteil von Zügigkeit, Preiswürdigkeit und Qualität sind.

Noch viel weniger wurde berücksichtigt, daß die westlichen Verhältnisse sich über Jahrzehnte hin entwickelt hatten und daß gerade die technischen Normen heutzutage derartig ausgefeilt sind, daß jede Anpassung der nach DDR-Regeln errichteten Bauwerke auf einen kompletten Austausch der jeweiligen Haustechnik hinausläuft. Das hat zur Folge, daß z. B. bei Eingriffen in die elektrotechnische Versorgung eines Gebäudes der »Bestandsschutz«, den der Einigungsvertrag immerhin einräumte, verlorengeht. Das Auswechseln eines defekten Lichtschalters zwingt daher beispielsweise dazu, alle Aluminiumleitungen des ganzen Hauses durch Kupferkabel zu ersetzen, was finanzielle Mittel erfordert, die niemand so schnell aufbringen kann.

Nun wäre das nicht so dramatisch, wenn die »nutzenden« Behörden wenigstens ermächtigt wären, selbst Prioritäten für die Reihenfolge der Anpassung an westliche technische Standards zu setzen: Die besonders schlimmen Verhältnisse ließen sich – angesichts des beachtlichen und keineswegs zu kritisierenden Umfanges der »Transferleistungen« der westdeutschen Steuerzahler – dann bald durch relativ erträgliche ersetzen, und die Unzufriedenheit mit dem Tempo des Umbaus wäre nicht so groß.

In der Realität sieht dies aber – allein wegen bürokratischer Zuständigkeitsregelungen – anders aus: Der jeweils unter dem Zustand der ihm anvertrauten Gebäude besonders leidende Behördenchef – wie z. B. der Verwaltungsdirektor eines Klinikums – kann zwar im Rahmen der Entscheidungen über die Bauprioritäten seine *Wünsche* äußern; was aber tatsächlich geschieht, entscheidet die staatliche Bauverwaltung. Die sich daraus stets neu ergebenden Auseinandersetzungen über die Prioritäten bei der Instandsetzung der Gebäude wurden weder vom bösen Willen noch von der Unfähigkeit zu vernünftigen Kompromissen diktiert, sondern sind prinzipieller Natur. Es liegt am Verfahren und an der Zuordnung der Verantwortung: Die Vertreter der Universität müssen die Funktionsfähigkeit der gesamten Hochschule im Auge behalten und darauf achten, daß zuerst die gefährlichsten Zustände so schnell wie möglich beseitigt und die baulichen Anlagen den gestellten Anforderungen von Forschung und Lehre gerecht werden. Da aus finanziellen Gründen nun einmal nicht alles Erforderliche gleichzeitig bewältigt werden kann, muß die Universität sich immer wieder mit lediglich relativen Verbesserungen zufriedengeben und bereit sein, vorschriftswidrige Situationen zu ertragen und damit verantwortlich umzugehen.

Das Staatshochbauamt kann demgegenüber immer nur die jeweils konkrete und zur Bauerrichtung festgesetzte Maßnahme bewerten: Geht es an die Ausführung eines Bauauftrags, muß das Amt für die vollständige Einhaltung der Bestimmungen sorgen. Das führt angesichts der generell maroden Substanz notwendigerweise immer wieder zu nicht vor(her)gesehenen Kostensteigerungen, die dann wiederum selbst als dringlich eingestufte Maßnahmen an anderer Stelle verhindern.

Ein schlagendes Beispiel aus dem Universitätsklinikum Leipzig: Die Physiotherapie der Chirurgischen Klinik befand sich bis 1991 in Kellerräumen ohne Fenster und ohne Belüftungsmöglichkeit. Dies verstößt gegen die einschlägigen bundesrepublikanischen Vorschriften. Da es im selben Gebäude zur Straßenseite gelegene helle Souterrainräume gab, deren Fensterunterkante auf Höhe des Straßenniveaus lag, wurde angeordnet, die Physiotherapie dorthin zu verlegen. Die zuständigen Techniker versuchten sofort, dies mit dem Hinweis auf die Vorschrift, daß bei Behandlungsräumen außerhalb der Fensterunterkante des Gebäudes noch ein Abstand von mindestens einem Meter bis zum Boden vorhanden sein muß, zu verhindern. Da die verfügte relative Verbesserung an der Regelbindung der fachlich zuständigen Mitarbeiter zu scheitern drohte – mit der Konsequenz, daß man den absolut unhaltbaren Zustand hätte fortsetzen müssen, was aus medizinischen Gründen unerträglich war –, setzte sich die Klinikleitung daher über die Bedenken hinweg und ordnete an, die Physiotherapie trotz des noch vorhandenen Regelverstoßes wie geplant zu verlegen. Allerdings: Die dafür erforderlichen Bauarbeiten durften natürlich nicht dem Staatshochbauamt übertragen werden. Schon das Gesuch, das Verlangte auszuführen, wäre an der Regelbindung des Bauamtes gescheitert. Also wurde die Verlegung der Behandlungsräume unterderhand von den eigenen Hausmeistern und Betriebshandwerkern vorgenommen. Die Übernahme der Verantwortung für solche sinnvollen Maßnahmen ist den Behördenchefs zwar prinzipiell verwehrt, weil einer anderen Behörde – wie bei den Gebäudereparaturen – die Anordnungsbefugnis zusteht. Allerdings rührt auch die ministerielle Aufsicht nicht gern an dieses Thema, weil es den Unsinn der Zuständigkeitsregelung öffentlich bloßstellen könnte. Daher entwickelt sich eine Grauzone stillschweigend geduldeter Aktivitäten, die man im Grunde – weil der Gesetzestreue abträglich – negativ beurteilen muß.

Wie die Prioritätenbildung für »Bauunterhaltsmaßnahmen« praktisch abläuft, zeigt das Verfahren, das zu Entscheidungen darüber führt: Im August des laufenden Jahres werden die sogenannten Baubedarfsnachweise (BBN) aufgestellt. Dies geschieht in Zusammenarbeit von Staatshochbauamt, Liegenschaftsamt und Universität. Nach einem langen Genehmigungslauf unter Einschaltung der Oberfinanzdirektion, des Wissenschafts- und des Finanzministeriums sind die BBN für das Folgejahr verbindlich.

Im Durchschnitt liegen die in den BBN vorgesehenen Maßnahmen wegen der Dringlichkeit der Beseitigung unhaltbarer Zustände 50 Prozent über den dann tatsächlich zur Verfügung stehenden Haushaltsmitteln, so daß – nach Vorliegen des Regierungsentwurfs für den Haushaltsplan des Folgejahres – von den beteiligten Behörden eine zusätzliche Prioritätenliste ausgearbeitet wird, bei der rund die Hälfte der als besonders dringlich eingestuften Maßnahmen gestrichen wird. Dazu kommen weitere Kürzungen, die wegen unvorhergesehener Mehrkosten und zusätzlicher Maßnahmen aus dem Vorjahr die finanziellen Mittel bereits verringert haben. Dann bleibt ungefähr nur noch ein Viertel der festgelegten Vorhaben für den Bauunterhalt übrig.

Durch nun entstehende »Havarien« oder andere Zwänge, die wegen ihrer Dringlichkeit Vorrang erhalten müssen (z. B. Einhaltung gesetzlicher Auflagen wie Hygienevorschriften und Arbeitsschutzbestimmungen), ergeben sich nochmals Streichungen an den Baubedarfsnachweisen. Von den im August erstellten Listen können dann jeweils nur noch kleine Reste tatsächlich »abgearbeitet werden« – der größte Teil des bürokratischen Aufwandes für die Ausarbeitung der BBN war daher völlig nutzlos.

Dieses Verfahren hat aber zwischen den beteiligten Behörden ständig zu frustrierendem Streit geführt und das Klima zwischen ihnen empfindlich belastet. Es zwingt auch während der Geltungsdauer der einmal beschlossenen BBN ständig zu Beratungen über Auswege aus den sich beinahe täglich ergebenden neuen Notwendigkeiten. Dabei könnte man diese Situation sofort überwinden, wenn die »nutzende Verwaltung« – in unserem Fall also die Universität – in die Lage versetzt würde, im Rahmen der bewilligten Haushaltsmittel jeweils allein zu entscheiden, was Vorrang haben muß.

Das Verfahren der Erstellung der Baubedarfsnachweise zur Abstimmung zwischen den beteiligten Einrichtungen führt darüber hinaus auch dazu, daß keinerlei Planungssicherheit besteht, was besonders wegen der zahlreichen Berufungsverhandlungen an den Universitäten außerordentlich ärgerlich ist und bei den zu berufenden Wissenschaftlern, die wegen des konkreten Bedarfs (keineswegs nur in den naturwissenschaftlichen Fächern!) jeweils in die Planungen einzuschalten sind, zu Recht auf völliges Unverständnis trifft.

Die behördeninternen Gründe für eine Verlagerung der Bauverantwortung auf die später die Gebäude nutzenden Behörden sind ja keineswegs auf Reibungsverluste innerhalb der Ämter beschränkt. Der Staat muß an einer Beseitigung der geschilderten Unzuträglichkeiten schon allein deshalb ein Interesse haben, weil das derzeitige Verfahren erhebliche Ressourcen bindet, sprich: Personal- und sonstige Verwaltungskosten verursacht und die Erledigung der eigentlichen Aufgaben behindert.

Die Errichtung von Neubauten

Hier ist bisher nur von den »kleinen Baumaßnahmen« und Reparaturen an bestehenden Gebäuden die Rede. Wie es um die »großen Baumaßnahmen« steht, ist ein besonderes Kapitel und stellt die Staatsverwaltung oder die durch unsinnige Vorschriften ausgelöste Situation in noch trüberes Licht.

Bauwerke gehören in unseren Breiten nun einmal zu den teuersten Gütern. Nur eine Minderheit kann sich deshalb ein eigenes Haus leisten. Und wer als Normalverdiener baut, hat jahrzehntelang die damit verbundenen Lasten zu tragen. Kein Wunder, daß auch der Staat mit dem Bauen seine liebe Not hat: Straßen und Schulhäuser, Gebäude für Gerichte und Verwaltungsbehörden, Krankenhäuser und Universitäten verschlingen einen Großteil des Steueraufkommens. Eine nahezu unübersehbare Zahl von Vorschriften soll dafür sorgen, daß erstens nur das unbedingt Notwendige gebaut wird, daß es dabei zweitens so preiswert wie möglich zugeht und daß drittens die besonderen Anfechtungen, die in der Möglichkeit zu illegaler Bereicherung im Schatten des Umsatzes großer Summen liegen, ausgeschaltet oder wenigstens eingedämmt werden.

Nach einer Erhebung der deutschen Universitätskanzler über Planung und Finanzierung von Hochschulbauten dauerte bis zum Jahr 1994 jede »große Baumaßnahme« – d. h. die Errichtung oder der Umbau eines Gebäudes mit einem Kostenaufwand über 750 000 Mark – zwischen sieben und zehn Jahre. Die Kostengrenzen sind 1996 auf drei Millionen Mark angehoben worden; Erfahrungen mit den neuen Werten gibt es daher noch nicht. Die Gefahr, daß nun »kleine Baumaßnahmen« noch schwieriger zu realisieren sind, liegt indessen auf der Hand – der Vorteil von weniger bürokratischen Instanzen, der damit verbunden ist, wird wegen des Ausfalls der verfügbaren Bundesmittel keine positiven Folgen haben. Obwohl es auch in der Realisierungsphase, auf die im nächsten Kapitel noch eingegangen wird, immer wieder zu unwirtschaftlichen Verzögerungen kommt, liegt der Hauptgrund für das unrationelle Verfahren im »bürokratischen Vorlauf«.

Auf die prinzipiellen Probleme bei der Abstimmung der Finanzierung zwischen dem Bund und dem beteiligten Land sowie bei der Mitwirkung des Wissenschaftsrates wurde bereits hingewiesen. Wegen der von diesem Verfahren ausgehenden Unzuträglichkeiten soll es noch etwas näher beleuchtet werden:

In der Regel haben die einzelnen Universitäten Zielplanungen für den Neubau und die Sanierung der erforderlichen Gebäude für Büros, Hörsäle, Laboratorien, Kliniken und Bibliotheken, die in einem komplizierten Abstimmungsverfahren, an dem die Universität, das Staatshochbauamt, das Staatliche Liegenschaftsamt, die Oberfinanzdirektion, das Wissenschaftsministerium und das Finanzministerium beteiligt sind, festgelegt werden. Als Berater werden an manchen Orten die Vertreter der einschlägig zuständigen städtischen Behörden – wie das Stadtplanungsamt, das Bauamt, das Umweltschutzamt und das Grünflächenamt – in die Planungsberatungen einbezogen. Da die dafür erforderliche Koordinationskapazität und professionelle Planungstechnik in den staatlichen Ämtern fehlt, wird diese Aufgabe in der Regel privaten Planungsbüros übertragen.

Wegen der langen Zeiträume, für die eine »Zielplanung« aufgestellt wird, sind Prognosen über die Entwicklung der Studentenzahlen und Fachrichtungen erforderlich, die seit dem Beginn der Bildungsexpansion in den Jahren nach 1964 noch nie gestimmt haben und bisher jedesmal erheblich nach oben korrigiert werden mußten. (Das Jahr 1964 bedeutet deshalb einen Einschnitt in der Bildungs- und Wissenschaftspolitik der Nachkriegszeit, weil damals vier Folgen einer Artikelserie von Georg Picht in der Wochenzeitung »Christ und Welt« erschienen, in denen – gestützt auf eine »Bedarfsfeststellung der Kultusministerkonferenz« aus dem Jahr 1963 – ein gewaltiger Lehrermangel für das Jahr 1971 vorausgesagt wurde. Der Titel der Artikelserie »Die deutsche Bildungskatastrophe« lieferte der Bildungspolitik für rund fünf Jahre die Stichworte für ihre Ansprüche in der Finanzausstattung. Wie falsch die Prognose und die dadurch ausgelöste öffentliche Hysterie in dieser Frage indessen war, zeigte sich schon vor dem Erreichen des Zieljahres: Bereits 1970 mußten die Länder zum ersten Mal mit einer erheblichen Lehrerarbeitslosigkeit fertig werden.)

Die Ergebnisse der in monatelangen Beratungen zustande kommenden »Zielplanung« werden dann den Entscheidungen über die konkreten Bauwünsche zugrunde gelegt.

Sieht die Zielplanung die Errichtung eines bestimmten Gebäudes vor, muß die Universität einen »Bauantrag« vorbereiten. Darin sind die Wünsche konkret aufzulisten: die Zahl der Räume, ihre Größe und ihre Ausstattung, besondere technische Einrichtungen etc. Die Universität hat sich dabei an Richtlinien zu halten, die genau vorschreiben, wie groß Dienstzimmer der Mitarbeiter in den verschiedenen Funktionen sein dürfen, welche Ausstattung angemessen und welche Gebäudetechnik vorzusehen ist. Dies regelt die »RL Bau«, durch die z. B. in Sachsen vorgeschrieben wird, daß das Dienstzimmer eines Professors 18 Quadratmeter groß sein darf. In die Berechnungsgrößen geht die Zahl der Wissenschaftler und sonstigen Beschäftigten ein, die in dem Gebäude ihre Büros erhalten sollen, die Flächen für Labors und Bibliotheken, für Sammlungen und Unterrichtsräume.

Damit nichts dem Zufall überlassen bleibt, wird eine Obergrenze für die Hauptnutzfläche (das sind alle unmittelbar der Forschung und Lehre dienenden Räume, nicht aber Verkehrsflächen wie Flure und Treppenhäuser) ermittelt, die sich aus einem Quadratmeterwert je Student des betreffenden Faches ermitteln läßt. Diese Werte sind irgendwann einmal festgelegt worden und werden nun exakt befolgt, wobei niemand mehr angeben kann, warum man für Studenten der Rechts- und Wirtschaftswissenschaften von einer Obergrenze von 4,0 Quadratmetern ausgeht, und warum dieser Wert für die Politologen 4,5 Quadratmeter beträgt.

Die Daten der Universität werden sodann vom Wissenschaftsministerium auf ihre Übereinstimmung mit der Zielplanung, dem Stellenplan, der Zahl der tatsächlich zum Zeitpunkt des Antrags eingeschriebenen und der für die Zukunft prognostizierten Studenten überprüft. In das »Raumprogramm« gehen auch Pauschalwerte für die Beschäftigung von »Drittmittelpersonal« oder besondere Erfahrungen mit erforderlichen Sonderflächen (Sammlungen, spezifisch ausgerüstete Laboratorien, Gefahrstofflager etc.) ein. Das Liegenschaftsamt, das Staatshochbauamt, die Oberfinanzdirektion prüfen ebenfalls und »zeichnen«, wenn keine Bedenken bestehen, »mit«.

Bevor das Vorhaben vom Wissenschaftsministerium bei der Bund-Länder-Kommission für Bildungsplanung und Forschungsförderung zum »Rahmenplan Hochschulbau« angemeldet werden kann, ist es erforderlich, das Vorhaben in den finanziellen Gesamtrahmen des Landes für den Hochschulbau einzufügen. Angesichts der viel zu geringen Mittel werden solche Bauwünsche in dieser Stufe des Verfahrens in der Regel »gestreckt«, d. h., es werden für das Vorhaben mehrere, zeitlich voneinander abgekoppelte Bauabschnitte festgelegt. Daß dies kostentreibend wirkt, ist im Prinzip allen Beteiligten klar, aber es gilt eben der Grundsatz: »Es darf ruhig etwas kosten, es muß nur billig aussehen.« Man muß allerdings hinzufügen: Dieser Satz gilt so lange, wie man als Entscheidender für die Kostensteigerungen nicht verantwortlich gemacht werden kann. Aber wen trifft schon eine Schuld, wenn das Parlament nicht so viele Mittel bewilligt, daß man das gesamte Vorhaben in einem Bauabschnitt verwirklichen kann?

Für dieses Verfahren gibt es außer den jeweils aktuellen Finanzsorgen des Staates auch einen vom Staat in Form unsinniger Regelungen selbstfabrizierten Grund: Wegen der sich über Jahre erstreckenden Bauzeiten muß jedes Bauunternehmen prinzipiell entweder in dem Realisierungszeitraum zu erwartende Kostensteigerungen (besonders bei den Löhnen) in seiner Kalkulation bereits berücksichtigen oder Preisgleitklauseln vereinbaren. Da derartige Vereinbarungen im Prinzip nach dem Haushaltsrecht unzulässig sind, bleibt dem Staatsbauamt – will es überhaupt ein leistungsfähiges Unternehmen verpflichten – nur übrig, zum Mittel mehrerer aufeinanderfolgen-

der Bauabschnitte zu greifen und die aufeinanderfolgen-
den Teilleistungen jeweils aktuell neu zu vergeben. Das
wäre an sich nicht schlimm, wenn es nicht wegen der
Besonderheiten der Mittelbereitstellung durch die öffentliche Hand – unvorhersehbare Sparbeschlüsse der Parlamente, Umschichtungen im Laufe des Haushaltsvollzugs
durch die Finanzverwaltung – immer wieder zu Unterbre-
chungen käme. Das aber wirkt sich wiederum unmittelbar preissteigernd aus: Baustellen müssen zunächst ge-
schlossen und später wieder eingerichtet werden,
Baugerüste, Maschinen und Kräne stehen entweder längere Zeit unbenutzt herum (was Miete kostet) oder müssen abgebaut und neu montiert werden, wenn es endlich
weitergeht. Auch das wirkt sich natürlich auf die Kosten
aus.

Die Aufteilung in Bauabschnitte erfolgt aber häufig
auch nur, weil der Staat die vielen Vorhaben, die er
beginnt, aus finanziellen Gründen gar nicht gleichzeitig
realisieren kann. Die wichtigsten Gründe für das gleich-
mäßige Kleckern mit Baumaßnahmen über das ganze
Land hin sind der mangelnde Mut der jeweiligen Landes-
regierung gegenüber regionalen Eifersüchteleien und die
Entscheidungsschwäche von Regierung und Parlament
gegenüber den verschiedenen Interessengruppen. Die
Tatsache, daß Millionen auf diese Weise versanden, hat
noch kein Rechnungshof gerügt, geschweige denn, daß
die jeweilige Opposition dies in irgendeinem Parlament
je zur Sprache gebracht hätte.

Für die endlich mögliche Anmeldung zum Rahmenplan gibt es einen festgesetzten Termin im Frühjahr. Wird

er verpaßt, verzögert sich das Vorhaben um ein Jahr. Die Bund-Länder-Kommission legt fristgerecht eingegangene Anträge dem Wissenschaftsrat zur Begutachtung vor. Dort werden sie auf die Einhaltung der genannten Normen nochmals überprüft. Der Wissenschaftsrat untersucht aber auch, ob sich nach seinen Vorstellungen das Vorhaben in die deutsche oder auch die regionale oder örtliche Wissenschaftslandschaft sinnvoll eingliedert. So hat er sich z. B. geweigert, eine Empfehlung zum Bau neuer zahnmedizinischer Einrichtungen im mitteldeutschen Raum auszusprechen, solange sich die Universitäten Dresden, Leipzig und Halle nicht auf *einen* Standort einigen. Er hat auch seine Zustimmung zum Wiederaufbau der im Zweiten Weltkrieg zu 60 Prozent zerstörten Leipziger Universitätsbibliothek davon abhängig gemacht, daß die geisteswissenschaftlichen Fächer der Universität in unmittelbarer Nähe untergebracht werden. Diese Beispiele belegen die Aussage, welche faktische Macht ein derartiges »Beratungsgremium« besitzt, das es nach den Regeln unserer Verfassung überhaupt nicht geben dürfte. Selbst die beiläufige Erwähnung, die Kinderklinik der Universität solle auf das Stammgelände des Klinikums verlagert werden, hatte zur Folge, daß sich Entscheidungen zu dringend erforderlichen Baumaßnahmen in dieser Einrichtung mehrere Jahre lang hinzogen, weil es wegen des finanziellen Volumens völlig ausgeschlossen war, den dafür erforderlichen Neubau auf dem vom Wissenschaftsrat empfohlenen Gelände sofort in Angriff zu nehmen. Das Mitglied des Medizinausschusses des Wissenschaftsrates, von dem die Forderung ursprünglich stammte, fiel

aus allen Wolken, als man drei Jahre später bei ihm nach-
fragte, ob er denn tatsächlich diese Auffassung so strikt
vertrete. Er hatte überhaupt nicht geahnt, welche Konsequenzen sich aus seiner eher beiläufig geäußerten Meinung ergeben hatten.

Findet der Wissenschaftsrat »ein Haar in der Suppe«,
geht der Antrag zur Stellungnahme zurück. Auch dabei
hat man oft den Eindruck, eine zusätzliche Angabe werde
überhaupt nur verlangt, um auf diese Weise die zur Entscheidung anstehende Zahl von Anträgen verringern zu
können, weil nun einmal die Finanzmittel nicht ausreichen. Der Antrag kann nämlich mit den verlangten Änderungen – wegen der Frühjahrsfrist für die Annahme – erst
im folgenden Jahr wieder eingereicht werden.

Kommt der Wissenschaftsrat zu dem Ergebnis, daß das
Vorhaben den Richtlinien entspricht und daß es in die
wissenschaftspolitische Landschaft paßt, wird das Vorhaben in die »Kategorie P« eingereiht, was bedeutet, daß
nun zunächst Planungsmittel bereitgestellt werden.

Auf der Grundlage des – gegebenenfalls auf Veranlas-
sung der »Empfehlungen« des Wissenschaftsrates modifi-
zierten – Bauantrags kann das Staatshochbauamt nun
einen Architektenwettbewerb durchführen. Von der Ausschreibung bis zum Ergebnis vergeht in der Regel ein Jahr.
Steht der Preisträger fest und stimmt das Finanzministerium der Baumaßnahme zu, erhält der Architekt den Auftrag zur Ausarbeitung der »Haushaltsunterlage Bau« (HU
Bau). Sie ist ein umfangreiches Werk, in dem die Ausstattung jedes Raumes konkret beschrieben wird. Sie umfaßt
meist mehrere prall gefüllte Aktenordner und wird von

der Universitätsverwaltung, dem Staatshochbauamt, der Oberfinanzdirektion, dem Wissenschaftsministerium und dem Finanzministerium geprüft. Erst wenn sie die Zustimmung aller dieser Dienststellen hat, geht sie wieder zur Bund-Länder-Kommission und zum Wissenschaftsrat. Beschließt dieser, das Vorhaben in die »Kategorie I« aufzunehmen, könnte theoretisch mit der Ausführungsplanung und anschließend mit dem Bau begonnen werden. Dies setzt aber voraus, daß der Bund und das Land die von beiden je zur Hälfte zu tragenden Mittel bereitstellen können. Die Ampel steht sofort auf Rot, wenn einer der Beteiligten seinen Beitrag nicht aufbringen kann. Da dies immer wieder zu erheblichen Kontroversen geführt hat, wurde ein zusätzliches bürokratisches Werkzeug geschaffen: Fehlen die Bundesmittel, will das Land aber angesichts der Dringlichkeit des Vorhabens und der erfolgreichen Absolvierung aller geschilderten Verfahrensschritte sofort bauen, kann es beim Bund eine »Unbedenklichkeitsbescheinigung« beantragen, die besagt, daß das Land den Neubau vorfinanzieren darf und der Bund seinen Anteil später bezahlen wird.

Wenn alle Hürden genommen sind, müssen die konkreten Abstimmungen mit den örtlichen Versorgungsunternehmen herbeigeführt und die Genehmigung der kommunalen Baubehörde erwirkt werden. Von der Bauplanung über das Grünflächenamt, die Umweltschutzbehörde und das Denkmalschutzamt ist wieder eine große Zahl von öffentlich Bediensteten zu beschäftigen. Aber das erscheint angesichts des geschilderten Vorlaufs nur noch als selbstverständliches Rankenwerk. Der Dekan der Theologischen Fakultät hat dieses Verfahren bei der um mehrere Jahre verspäteten Übergabe des grundsanierten Gebäudes der Theologischen Fakultät der Universität Leipzig mit einer elektrischen Reihenschaltung verglichen, in der acht bis zehn Schalter auf »Ein« stehen müssen, damit etwas vorangeht. Steht nur ein Schalter auf »Aus«, beginnt alles von vorn. Es leuchtet ein, daß dies zu empfindlichen Verzögerungen und damit auch zu erheblichen Kostensteigerungen führt.

Die Ferne der Staatsbauverwaltung bewirkt wegen der ganz besonderen Anforderungen für Gebäude, in denen naturwissenschaftliche und medizinische Forschung und Lehre stattfinden soll, weitere Unzuträglichkeiten. Aus diesem Grund hat 1961 der damalige Präsident der Max-Planck-Gesellschaft, Adolf Butenandt, beim zuständigen Bundesfinanzministerium beantragt, der Gesellschaft eine eigene Bauverwaltung zuzugestehen. Zur Begründung führte er an, daß »die Kontrolle gerade solcher Bauten hochspezialisierter Zweckbestimmung ohne Kenntnis aller Besonderheiten und Fakten nicht möglich« sei. »Diese Kenntnisse sind aber für eine Verwaltung außerhalb der Forschung nur sehr schwer und immer nur für den Einzelfall erreichbar.« Folgen der Beschäftigung einer fachfremden Verwaltung seien daher »sehr erhebliche Zeitverluste, die nicht dem Vorteil der Forschung, aber auch nicht dem Nutzen der Steuerzahler dienen«.

Diese Argumente überzeugten das Bundesfinanzministerium: Die Antwort des Staatssekretärs Hettlage auf diesen Antrag, der das Datum vom 10. Oktober 1961 trägt, lag bereits am 23. Oktober desselben Jahres (!) im Präsi-

dialbüro der Max-Planck-Gesellschaft vor. Seither errichtet die eigene Bauabteilung der Max-Planck-Gesellschaft
überall im Bundesgebiet Bauten für wissenschaftliche
Institute – immer innerhalb der geplanten Kosten und Fristen, zur großen Zufriedenheit der Wissenschaftler und
häufig mit angesehenen Architekturpreisen ausgezeichnet. Das Rezept: kurze Wege und klare Kompetenzen.
Zeitraubende Mehrfachprüfungen und lange Instan-
zenzüge wie beim staatlichen Hochschulbau werden vermieden.

Auftragsvergabe und Honorierung von Leistungen

Die bürokratieinternen Kosten zu ermitteln, haben wir uns
weitgehend abgewöhnt. Der Staat verschwendet aber
beim Bauen auch – direkt mit Rechnungen und Zahlungen belegbar – erhebliche Mittel, ohne daß die Rechnungshöfe hier bisher einen Anlaß zum Einschreiten sehen. Das
liegt einmal an den Bestimmungen über die Vergabe von
Aufträgen. Die einschlägigen Richtlinien stammen aus
dem Geist ständestaatlicher Koordination. Die »Verdingungsordnung für Bauleistungen (VOB)« geht auf den
Reichsverdingungsausschuß zurück, der die Urfassung im
Jahr 1926 erlassen hat. Diesem Ausschuß, der in geringfügig anderer Besetzung als »Deutscher Verdingungsaus-
schuß für Bauleistungen« fortbesteht, gehörten – unter Leitung des Reichsfinanzministeriums – Vertreter der
Reichsverwaltung, der Länderregierungen, der Städte, der
Wirtschaft und der Gewerkschaften an. Durch die Einbin-

dung aller an günstigen Staatsaufträgen beteiligten Interessen bringt sich der Staat auch dort, wo er als gleichbe-
rechtigter Akteur im Wirtschaftsleben auftritt – nämlich,
wo er Leistungen nachfragt und Aufträge vergibt –, um
seine Markt-Macht und liefert sich Kartellen aus, die ihn
nach wie vor rücksichtslos ausbeuten. Wegen seiner Pflicht
zur Gleichbehandlung der konkurrierenden Unternehmen
liegt er hoffnungslos im Hintertreffen: Nicht nur, daß er
sich gegen »Frühstückskartelle« sowieso nicht wirksam zur
Wehr setzen kann, bei denen unter den Konkurrenten zum
Nachteil des Steuerzahlers abgesprochen wird, wer einen
Zuschlag erhalten soll und welchen überhöhten Preis deshalb die anderen Bieter als Untergrenze für das »niedrig-
ste« Gebot zu verlangen haben. Viel schlimmer ist, daß
die Regelung, die es dem Mitarbeiter des Bauamtes ermöglichen soll, auch einmal vom »billigsten« Angebot abzuweichen, leer läuft. In der VOB steht zwar der vernünftige
Satz, es sei das »wirtschaftlichste« (also nicht das »billigste«) Gebot auszuwählen. Was aber passiert, wenn ein
Sachbearbeiter der örtlichen Bauverwaltung einen teureren Bieter auswählen möchte? Er muß gegenüber seiner
Aufsichtsbehörde (in den meisten Bundesländern die
Oberfinanzdirektion, die als Instanz zwischen der ausfüh-
renden und der bewilligenden Stelle – dem Finanzministerium – fungiert) ausführlich begründen, warum der billigste Bieter nicht der wirtschaftlichste ist. Da der
Sachbearbeiter – wegen der Fülle der zu lösenden Aufgaben – weder Zeit hat, dies niederzuschreiben, noch wegen
der in aller Regel bereits vorliegenden Terminverspätun-
gen auf die Entscheidung der Aufsichtsbehörde lange zu

warten, wählt er den billigsten Bieter. Denn dann fällt ja auch der Aufsichtsbehörde die Entscheidung leicht, sie greift nicht ein oder entscheidet relativ schnell.

Die Folgen sind immer wieder verheerend: Allein in der Schlußphase des 70 Millionen Mark teuren Baus der neuen Zentralen Speisenversorgung des Leipziger Universitätsklinikums sind drei Firmen pleite gegangen. Sie waren die billigsten Bieter – weil sie dringend Aufträge benötigten. Um für den Staat bauen zu dürfen, waren sie sogar zu ganz besonders günstigen Konditionen zu haben – schließlich stellt ein Staatsauftrag gegebenenfalls sogar die Kreditwürdigkeit gegenüber den Banken wieder her. Hat aber ein Unternehmen den Auftrag erhalten, ist die Versuchung – wenn nicht sogar der Zwang – riesengroß, die Kosten so gering wie möglich zu halten. Es werden wertlosere als die geforderten Materialien verwendet; statt qualifizierten Personals werden angelernte Billigarbeitskräfte eingesetzt. Kurz: Es entsteht Pfusch. Entweder treibt die Kontrolle der staatlichen Bauüberwacher solche Unternehmen dann in den Konkurs, oder sie hatten selbst mit dem Staatsauftrag von vornherein keine Chance mehr; das Billiggebot, das unter ihren Kosten liegt, reißt sie vollends in den Strudel. Als Folge bleibt die Baumaßnahme stecken. Die minderwertigen Bauteile müssen auf Kosten des Staates beseitigt werden – in der erwähnten Klinikküche waren es große Teile des Steinfußbodens –, denn ein Unternehmen, an das man sich mit Gewährleistungsansprüchen halten könnte, gibt es ja nicht mehr. Also muß der Staat, der sparen wollte, für den Schaden selbst aufkommen.

Damit ist der Fall aber nicht ausgestanden: Den Auftrag erhält nun ein teurerer Bieter, so daß – außer dem Terminverzug – die Kosten steigen. Das Bauamt hat wegen des günstigen Ergebnisses der Ausschreibung damit gerechnet, Finanzmittel bei diesem Bauvorhaben einzusparen, und deshalb eine andere Baumaßnahme damit »bedient«. Denn es gibt ja immer an vielen Stellen zugleich Finanzierungslöcher, die man stopfen muß. Auf diese Weise entsteht zusätzlicher Zeitverzug aus dem Umstand, daß nun erst wieder zusammen mit der Aufsichtsbehörde und dem Finanzministerium die erforderlichen Mittel im Haushaltsplan gesucht werden müssen. Ist man dabei erfolglos, bleibt die Baumaßnahme liegen.

Dazwischen »hängt« immer der »verantwortliche« Sachbearbeiter, dessen Ziel es in dieser Situation nicht sein kann, den Bau voranzubringen, sondern der vor allem daran denken muß, wie er sich rechtfertigen kann, um nicht als Verursacher der Misere dazustehen.

Soll aber doch einmal ein teurerer Bieter bevorzugt werden, hat der zuständige Betreuer im Staatshochbauamt nicht nur Mehrarbeit; er befindet sich in einem schwierigen Begründungszwang gegenüber der Aufsichtsbehörde. Denn auch dort sitzt ein in Hierarchien denkender Mitarbeiter, der prinzipiell versucht ist, die Verantwortung abzuschieben. Also verlängert sich der Weg – bis in das Ministerium und zurück. Die Mindestfolge ist auf jeden Fall Zeitverzug. Da der Sachbearbeiter aber auch daran gemessen wird, ob sein Bauvorhaben »im Termin« liegt, braucht er schnelle Entscheidungen. Und wenn dann das ausgewählte Unternehmen zusammenbricht, kann man ihm nur schwer einen Vorwurf machen – wie soll er die Bonität eines Unternehmens beurteilen können. Hat er gar einen Verdacht in dieser Richtung und bringt er ihn zu Papier, macht er sich womöglich schadensersatzpflichtig, wenn dies bekannt wird. Wer davon erfährt, hat gute Aussichten, seine Pleite einem solchen »Rufmord« zuzuschreiben und Schadensersatzansprüche gegen den Staat geltend zu machen. Nichts gesagt zu haben ist für den Sachbearbeiter in einer solchen Situation jedenfalls risikolos, da es zu keinen Sanktionen gegen ihn führen kann.

Materialiter kann man aber von der Entscheidung der jeweils »obersten Dienstbehörde« (im Fall der Bauverwaltung also des Finanzministeriums) prinzipiell keine höhere Weisheit erwarten, im Gegenteil: Sie ist so weit weg von den praktischen Problemen des Ortes und des speziellen Zweckes, für den das Bauwerk erstellt werden soll, daß sie einfach nicht anders kann, als nach formalen Kriterien zu entscheiden. Wo es um praktische Auswirkungen geht, kann sie zwar vielleicht einmal zufällig mit einer Entscheidung richtigliegen. Generell geht es ihr aber nicht anders als den vom Geschehen fernen Kurfürsten des Heiligen Römischen Reiches, die beim »Immerwährenden Reichstag« an dem mit Filz bedeckten berühmten »Grünen Tisch« in Regensburg die unter dieser Bezeichnung sprichwörtlich gewordenen praxisfernen Entscheidungen trafen.

Ein weiteres trauriges Kapitel in diesem Zusammenhang ist die von den Bauunternehmen als miserabel empfundene »Zahlungsmoral« der öffentlichen Hand: Wenn die staatlichen Bauverwaltungen klagen, daß sie auf ihre Ausschreibungen hin immer wieder viel zu wenige und oft fachlich nicht besonders überzeugende Angebote zur Übernahme von Aufträgen erhalten, hat dies seinen Grund oft auch darin, daß die Fristen, die die öffentliche Hand benötigt, um den komplizierten Prüfungsvorgang, der jeder Zahlungsanordnung vorauszugehen hat, so lang sind, daß öffentliche Aufträge für viele an sich interessierte Firmen unattraktiv sind. Ein Beispiel hierfür bietet die Errichtung von zwei Operationssälen in »Raumzellenbauweise« (vulgo: »Container«) am Leipziger Universitätsklinikum: Das mit dem Einbau der Heizung beauftragte Unternehmen mußte nach Abnahme seiner Leistung durch das Staatshochbauamt über fünf Monate warten, bis es Geld sah. Das hat die kleine Firma, die von einem jungen, aus einem DDR-Großbetrieb stammenden Heizungsingenieur nach der Wende gegründet worden war, fast in den Ruin getrieben – denn naturgemäß ist die Eigenkapitaldecke solcher Neugründungen dünn, und wie soll der Unternehmer die Vorkosten – die Gehälter seiner Mitarbeiter und die eingebauten technischen Geräte – so lange selbst kreditieren können? Nicht nur, daß der Staat auf diese Weise keine leistungsbereiten Firmen mehr zur Erledigung seiner eigenen Bauaufgaben findet, er treibt sie sogar mit Hilfe seiner überzogenen Vorschriften in den Ruin – und hat dann nicht nur die sozialen Kosten zu verkraften, die solche Insolvenzen in aller Regel mit sich bringen, er vernichtet damit auch besonders engagierte und leistungsfähige Kleinunternehmen und damit einen Teil der besonders wichtigen Arbeit-

geber und Steuerzahler. Die langen Fristen für die Beglei-
chung der Baurechnungen aber werden von den Zuständi-
digen – völlig zu Recht – damit begründet, daß die Prü-
fungsvorschriften, mit deren Hilfe man möglichen
Mißbrauch verhindern will, nun einmal kein schnelleres
Ergebnis zulassen.

Die Folgen selbst solcher Umstände sind nichts anderes als ein weiterer Beitrag zur generellen Überteuerung
der öffentlichen Bauten. Allgemein läßt sich daher sagen:
*Die ·Kosten der Vorsorge gegen Mißbrauch übersteigen
dessen mögliche Auswirkungen inzwischen erheblich.*
Die Errichtung eines chirurgischen Klinikbetts im Rahmen
eines durch die öffentliche Bauverwaltung realisierten
Krankenhausbaus kostet rund 950 000 Mark. Wird ein
solches Bauwerk für eine westdeutsche Universitätsklinik
errichtet, muß man von einer Bauzeit von zehn Jahren
ausgehen. Unterschiedliche private Bauträger schaffen
dies für technisch identische und qualitativ gleichwertige,
wenn nicht sogar besser ausgestattete Kliniken in einer
Zeit von zwei bis drei Jahren und mit einem Bettenpreis,
der um 30 bis 50 Prozent unter den genannten Kosten der
öffentlichen Verwaltung liegt.

Präventive Kontrolle, die kostensparend wirken soll,
funktioniert aber nicht einmal dort, wo ihre Stärke liegen
sollte, nämlich bei illegitimer Einflußnahme auf die Vergabe von Bauaufträgen. Nicht, daß hier wiederholt werden soll, was es in diesem Zusammenhang an Korrupti-
onsvorwürfen gibt – sicher kommt das vor. Und die
Summen, um die es geht, stellen naturgemäß eine besondere Verführung für aktive wie passive Bestechlichkeit dar.

Aber hier gilt der Satz von der Gaußschen Normalvertei-
lung: Die Eigenschaften des Menschen sind nun einmal
so verteilt, daß an den Enden der jeweiligen Skalen – ob
es dabei nun um Intelligenz, Fleiß oder verbrecherische
Energie geht – immer nur wenige Individuen darüber verfügen und daß die Zahl der jeweils durchschnittlich damit
»Begabten« verhältnismäßig hoch ist. Um Bestechlichkeit
zu bekämpfen, sollte man sich daher besser der Hilfe des
Staatsanwalts bedienen als annehmen, daß man solche
Probleme präventiv mit immer komplizierteren, auf
immer mehr Lückenschließung angelegten Verwaltungsvorschriften in den Griff bekommen könnte. Ein solches
Verfahren löst nur um so größere Anstrengungen derjeni-
gen aus, die handfeste illegale Vorteile suchen: Ein eng-
maschiges Vorschriftennetz fordert sozusagen nur zum
sportlichen Wettkampf darüber heraus, wie man trotzdem
durch die Lücken schlüpfen kann.

Zwar ist es sicher nicht von der Hand zu weisen, daß
von Interessenten immer wieder versucht wird, über politische Beziehungen Einfluß auf die Vergabe von Bauaufträgen zu nehmen – gewiß manchmal auch mit Erfolg.
Denn gelegentlich genügt es ja schon, daß der mit der
Sache befaßte Beamte von dem guten Draht eines Bewer-
bers zum zuständigen Minister weiß. Es ist erstaunlich,
welche Rolle auch und gerade in der rechtsstaatlichen
Demokratie vorauseilender Gehorsam nach wie vor
spielt. Gerade in solchen Fällen kann sich ein Beamter,
der korrekt handeln will, nur dann der Einflußnahme
erwehren und sich möglicher Kritik seiner Vorgesetzten
entziehen, wenn er sich ganz formalistisch für das billig-

ste Gebot entscheidet – mit allen sich daraus ergebenden, bereits dargestellten Folgen.

Dennoch sind dies Einzelfälle, die nicht zu generalisierenden Schlüssen berechtigen. Wichtiger ist das Folgende: Die Effizienz der Staatshochbauämter wird von den Finanzministerien daran gemessen, wie viele Millionen Mark – im Verhältnis zur Zahl der Mitarbeiter – je Jahr verbaut worden sind. Bewilligte Finanzmittel verfallen zu lassen gilt als Beleg mangelnder Leistung und wird mit verminderten Beförderungschancen geahndet – so ist wenigstens die verbreitete Ansicht in den Bauämtern.

Bei Bauten im Dienstleistungssektor – wie bei Universitätskliniken – tritt wegen der mangelhaften betriebswirtschaftlichen Lenkung des Baugeschehens noch ein Effekt ein, der in keine Baupreiskalkulation jemals eingeht. Denn der Zeitverzug schlägt ja voll auf die Leistungsfähigkeit dessen durch, für den der Neubau errichtet werden soll: Wenn der Bau eines dringend benötigten Operationssaales, wie es bei der erwähnten OP-Anlage in Leipzig der Fall war, nicht dem – geringfügig – teureren Bieter übertragen wird, der sich vertraglich verpflichtet hätte, diese Leistung innerhalb eines halben Jahres zu erbringen, sondern dem billigsten, der schließlich 30 Monate benötigt (also fünfmal so lange!), dann hat dies Auswirkungen auf die Bettenauslastung der Klinik, die natürlich in keiner Kostenkalkulation der staatlichen Bauverwaltung jemals berücksichtigt wird. De facto bedeutet das aber, daß die Universitätsklinik nicht nur die erforderlichen sechs Monate, sondern zweieinhalb Jahre länger die Chirurgen, Schwestern und das übrige Personal vorhalten muß, aber nicht die an sich in dieser Zeit möglichen Einnahmen aus dem Krankenhausbetrieb erzielen kann.

Es kommt hinzu, daß gerade die besonders Zahlungskräftigen unter den Patienten, die durch Inanspruchnahme ärztlicher und sonstiger Wahlleistungen überall erheblich zum wirtschaftlichen Ergebnis der Kliniken beitragen, an leistungsfähige Privatkliniken abwandern – ein Schaden, der ebenfalls in keine Kalkulation eingeht, der aber langfristig verheerende Folgen hat: nicht zuletzt für die Erfüllung der hoheitlichen Aufgaben des Staates im Gesundheitswesen, nämlich eine qualitativ hochstehende Ausbildung der künftigen Ärztegenerationen zu garantieren und durch klinische Forschung Beiträge zum medizinischen Fortschritt zu leisten.

Um Verzögerungen mit derartigen Konsequenzen zu vermeiden, vereinbaren private Bauherren mit ihren Auftragnehmern für den Fall von Terminüberschreitungen Konventionalstrafen. Da der Staat sich aber auch hier an die »Verdingungsordnung für Bauleistungen« hält, die solche Vereinbarungen zwar pro forma nicht verbietet, de facto aber ausschließt, lädt er die beauftragten Unternehmen geradezu ein, ihre Kraft in erster Linie auf die Privataufträge zu konzentrieren. Der Staat kann warten – das bleibt ja für den Auftragnehmer ohne jede Konsequenz.

Die Folgen von Pleiten auf dem Bau sind aber wegen der aufgeteilten Zuständigkeiten für die öffentliche Verwaltung noch schlimmer: Sind bei einem in Konkurs gegangenen Unternehmen Ansprüche für Garantieleistungen – wie beschrieben – nicht mehr durchzusetzen, bleibt nämlich unter Umständen sogar die »nutzende Ver-

waltung« auf dem Problem sitzen. Ein Beispiel liefert die
Jalousie-Anlage im Hauptgebäude der Universität Leipzig: Im Winter 1993/94 wurden dort neue Fenster und die
zugehörigen »Verschattungsanlagen« (so heißen Fenster-
jalousien im Amtsdeutsch tatsächlich) eingebaut, da sonst
in den der Sonneneinstrahlung ausgesetzten Räumen die
Bildschirmarbeitsplätze nicht benutzbar wären. Dies
geschah in Form von Außenjalousien aus einem Kunst-
stoffgewebe, die aber an den dem Wind besonders ausgesetzten Gebäudeteilen der Belastung nicht standhielten
und sehr bald an vielen Stellen völlig unbrauchbar wurden. Die mit dem Einbau beauftragte Firma war (natürlich) sehr bald danach in Konkurs gegangen. Die Kosten-
schätzung für die Nachrüstung mit funktionstüchtigen
Jalousien belief sich auf 300 000 Mark.

Nach den Haushaltsgrundsätzen des Freistaats Sachsen – die von den Buchungsgrundsätzen des Freistaats
Bayern abgeschrieben worden sind – dürfen Fensterjalou-
sien nur zu Lasten der Bau-Titel des Haushaltsplans be-
schafft und verbucht werden. Das Staatshochbauamt, das
allein den Titel »Gebäudeunterhalt« bewirtschaften darf,
hat die Baumaßnahme aber inzwischen abgeschlossen
und abgerechnet. Die Universität bleibt mit dem Problem
sich selbst überlassen. Auch wenn sie die Mittel zur
Lösung des Problems durch Einsparungen an anderer
Stelle in ihrem Haushalt bereitstellen könnte, dürfte sie
selbst – wegen der Zuständigkeit des Staatshochbauamtes – doch nicht handeln. Es bleibt nichts anderes übrig,
als die Reparatur für die nächsten »Baubedarfsnachweise« (vgl. Seite 75 ff.) vorzusehen und neue Prioritäten

zugunsten der Jalousien zu setzen. Bis – wegen der geschilderten ständigen Verschiebung solcher Maßnahmen – tatsächlich etwas geschieht, sind die betroffenen teuren Computer-Arbeitsplätze nicht nutzbar und können die Aufgaben, die damit erledigt werden sollen, nicht bearbeitet werden. Aber wer fragt schon nach dem effizienten Einsatz solcher Investitionen? Oder gar danach, ob die teuren Staatsdiener in den Hochschulen ihrer Tätigkeit sinnvoll nachgehen können?

Welche zusätzlichen Kosten alle diese Formen des »Sparens« ausgelöst haben, wird niemals aktenkundig werden. Es schlägt sich in der Verzögerung anderer dringlicher Baumaßnahmen, in mangelnder Leistungsfähigkeit der »nutzenden Behörde« und im Verdruß der beteiligten Mitarbeiter der öffentlichen Verwaltung nieder.

Das öffentliche Ausschreibungswesen hat aber noch andere, nicht nur den Staat finanziell empfindlich belastende Konsequenzen: Da es den Beteiligten z. B. während der Ausschreibungsfrist eines Architektenwettbewerbs nicht gestattet ist, zur »nutzenden Verwaltung«, also zu denen, die in der Zukunft in dem Neubau ihren Aufgaben nachgehen sollen, Kontakt aufzunehmen, die Ausschreibungsbedingungen aber niemals so perfekt sein können, daß sie keinerlei Lücken enthalten, werden gewaltige Summen in den Sand gesetzt, bevor von der öffentlichen Hand überhaupt auch nur ein einziger Pfennig für Planungsleistungen aufgewendet wird. An den Ausschreibungen für solche Bauten – dabei geht es in der Regel um finanzielle Größenordnungen zwischen 40 und 100 Millionen Mark – beteiligen sich gewöhnlich 100 bis

200 Architektenbüros. Bei den Jury-Sitzungen, in denen dann ausgewählt wird, erweist sich in aller Regel sehr schnell, daß viele Teilnehmer die Aufgabenstellung nicht begriffen und Lösungen vorgeschlagen haben, die von vornherein untauglich sind. (Da in den Preisrichterkollegien die »nutzende Verwaltung« als »Sachpreisrichter« beteiligt ist, lassen sich solche Entwürfe meistens schnell aussondern. Immer wieder kommt es aber mit den Preisrichtern aus dem Kreis der Architekten zu heftigen Auseinandersetzungen, wenn diese der Meinung sind, ein Entwurf habe besondere architektonische oder städtebauliche Vorzüge. Gar nicht so selten setzen sich solche Argumente zu Lasten der Funktionstüchtigkeit der Gebäude durch.)

Eine solche Planung verursacht Kosten von mindestens 50 000 Mark. Bei 100 Teilnehmern werden somit fünf Millionen Mark aufgewendet, um über einen Auftrag von vielleicht 50 Millionen Mark zu entscheiden. Die »Verlierer« bleiben natürlich auf ihren Kosten nur dann sitzen, wenn sie insgesamt wenig erfolgreich sind. Für die »Verdiener« in der Branche lassen sich die Kosten als Verluste über steuerliche Abschreibungen »wegdrücken« – d. h. im Klartext: Selbst für solche Kosten kommt letztlich der Steuerzahler auf. Die anderen aber werden die Opfer dieser Form der »Mittelstandsförderung« durch die öffentliche Bauverwaltung.

Anstatt also – wie es die erwähnte Bauabteilung der Max-Planck-Gesellschaft darf und auch praktiziert – einige wenige Büros zur Beteiligung an der Ausschreibung aufzufordern und in ständiger Rückkoppelung mit den künftigen Nutzern eine Optimierung der Entwürfe zu ermöglichen, muß sich z. B. die Universität mit dem Gewinner des Wettbewerbs lange und intensiv darum bemühen, seinen Entwurf für die Praxis von Forschung und Lehre einigermaßen erträglich umzugestalten. Ein hoher Beamter der Staatshochbauverwaltung glaubte das amtliche Verfahren mit dem Hinweis rechtfertigen zu können, die Universität erhalte durch einen offenen Architektenwettbewerb doch die Chance, sich wie in einem »Warenhauskatalog« das Beste aussuchen zu können. Statt dessen muß sie sich bereits im ersten Planungsstadium auf technische und funktionelle Kompromisse einlassen; das erklärt den generellen Eindruck, den öffentliche Bauten heute machen. In früheren Zeiten errichtete Rathäuser, Schulen oder Universitätsgebäude renovieren wir wegen ihrer architektonischen Qualität heute mit großem Aufwand. Die Antwort auf die Frage, welche öffentlichen Bauten unserer Zeit einmal der Nachwelt denkmal- und damit schutzwürdig erscheinen dürften, ist zu eindeutig, als daß man dazu noch lange Ausführungen anstellen muß.

Bei ihren Bemühungen, die vorgesehenen Bauwerke wenigstens funktionsgerecht zu planen, haben es dann sowohl die Baubehörde als auch die Verwaltung der Universität mit einer Koalition zu tun, gegenüber der sie weitgehend machtlos sind: Die späteren praktischen Nutzer des Neubaus können nämlich in dieser Phase der Planung Forderungen erheben, die weder das Bauamt noch die Universitätsverwaltung der Sache nach auf ihre Berechtigung hin überprüfen können. Der beauftragte Architekt müßte aber schon ein Heiliger an Selbstverleugnung sein, würde er den Forderungen der Nutzer in dieser Phase nicht so weit wie irgend möglich nachgeben: Sein Honorar ist nach der »Honorarordnung für Architekten und Ingenieure (HOAI)« ein bestimmter Prozentsatz der endgültigen Baukosten – und was sollte ihn daher wohl veranlassen, die Kosten möglichst niedrig zu halten?

Weder das Ausschreibungsverfahren noch die HOAI sind aber sakrosankt. Der Staat selbst hat sie erlassen und könnte sie natürlich in einer Weise neu gestalten, daß von ihnen Anreize zur Sparsamkeit ausgingen. Da man aber bei der Schätzung der Baukosten auf die tatsächlich entstandenen Kosten früherer Baumaßnahmen zurückgreift, gibt es in diesem Bereich keinerlei Anstoß zu neuen Lösungen. Während die Dynamik der marktwirtschaftlichen Verfahren gerade darauf beruht, unkonventionelle Lösungen durch die Chance besonderer Gewinne zu belohnen, pflegt der Staat auf einem der teuersten Gebiete des Wirtschaftslebens öde Scholastik. Warum sollte es z. B. nicht möglich sein, zwar an Hand so gewonnener Vergleichsdaten eine Obergrenze für die Kosten eines Neubaus festzulegen, das Architektenhonorar aber dann zu erhöhen, wenn und soweit er gegenüber dem Musterbauwerk Einsparungen erzielt?

Die geradezu absurde Folge der irrationalen Selbstbindung an die unwirtschaftlichen Verfahren der Ämter ist, daß an allen Ecken und Enden Mittel und Wege gesucht werden, wie man die staatliche Bauverwaltung umgehen kann. Selbst Finanzminister, denen die Hochbauverwaltung ja in aller Regel unmittelbar untersteht, lassen Finanzämter heute nach Leasing-Modellen errichten –

nicht, weil dies billiger wäre, als wenn sich der Staat auf dem Kapitalmarkt unmittelbar verschuldete, oder weil er auf diese Weise die verfassungsmäßige Verschuldensgrenze unauffälliger überschreiten könnte (was ihm zu Recht verboten ist), sondern weil man dadurch um die Vergabevorschriften der »Verdingungsordnung für Bauleistungen (VOB)« herumkommt – oder der Sache nach: Weil es billiger ist und weil es schneller geht.

Zuständigkeiten oder
Der Umbau einer Schaltanlage

Mit der Ausbildung von Elektrolehrlingen leistet die Universität Leipzig nicht nur einen von der Politik ausdrücklich gewünschten Beitrag zur Bereitstellung von gewerblichen Ausbildungsplätzen; sie ist wegen des hohen Spezialisierungsgrades von Universitätselektrikern nur durch eigene Ausbildungsanstrengungen in der Lage, die erforderlichen sachkompetenten Handwerker für Aufbau, Betrieb und Wartung ihrer Forschungsgeräte heranzubilden.

Die betriebliche Grundausbildung dieser Kräfte könnte zugleich einen wesentlichen Beitrag zur Kostensenkung bilden. Der Auf- und Abbau von Schaltanlagen in der Lehrwerkstatt bringt nicht nur kaum einen praktischen Effekt, sondern vermittelt auch nicht die Ausbildungsinhalte, die durch »produktiven« Einsatz bei der Montage und Reparatur realer betrieblicher Einrichtungen möglich und erforderlich sind. Die Mittel für den Bauunterhalt der Universität und damit auch für den Kauf von Montagematerial werden aber vom Staatshochbauamt verwaltet. Und dieses darf aus Gründen des Schutzes der mittelständischen Wirtschaft keine Aufträge an staatliche Einrichtungen vergeben, also auch nicht an die Elektro-Lehrwerkstatt der Universität. Meister und Lehrlinge müssen sich daher weithin mit »Trockenübungen« begnügen. Dabei darf man ja auch nicht vergessen, daß die Kosten für die Lehrlingsvergütung und den betrieblichen Lehrausbilder, also den Elektromeister, dem die Lehrwerkstatt anvertraut ist, während des ohne praktische Bedeutung bleibenden Trainings technischer Arbeiten weiter anfallen und ohne die möglichen und aus der Sicht des Steuerzahlers zu verlangenden wirtschaftlichen Effekte bleiben.

Welche großen Einsparungen aber möglich wären, wenn die Universität die Mittel für die Reparaturen an ihren Gebäuden selbst verwalten dürfte, zeigt folgendes Beispiel. Für den Umbau einer Schaltanlage im Hörsaalgebäude wurden 1995 vom Staatshochbauamt 123 329 Mark an eine Firma bezahlt. Die Lehrlingswerkstatt der Universität wollte diese Arbeit gern selbst erledigen. Die Übernahme der dafür erforderlichen Materialkosten in Höhe von 49 767,62 Mark wurde – unter Hinweis auf die erwähnte Vorschrift – vom Staatshochbauamt abgelehnt. Die Mehrkosten von 73 561,38 Mark trafen die Staatskasse – ohne daß diese Verschwendung von den beteiligten Behörden als solche empfunden wurde oder ihnen vorgeworfen werden könnte.

Daß dies kein Einzelfall ist, zeigt auch das Beispiel des »Umbaus der Hauptschaltanlage« im Universitätshauptgebäude: An Materialkosten wären 40 000 Mark entstanden. Der Auftrag ging an eine Fremdfirma, die rund 130 000 Mark berechnete. Stünden die Bauunterhaltsmittel im Haushaltsplan der Universität, wären 90 000 Mark eingespart worden.

Das Beispiel der Umrüstung der Beleuchtung für die unterirdische Erschließungsstraße des Hauptgebäudes zeigt schließlich, daß solche Einsparungen auch faktisch möglich sind. Hierfür lagen Firmenangebote zwischen 90 000 und 110 000 Mark vor. Da der Universität in diesem Fall (offenbar unter Verletzung der einschlägigen Vorschriften) Mittel in Höhe von 25 000 Mark für den Materialeinkauf bereitgestellt wurden, konnte tatsächlich ein Betrag in Höhe von 65 000 bis 85 000 Mark eingespart werden.

Es kommt hinzu, daß beauftragte Firmen auf den Ablauf der betrieblichen Erfordernisse in den Universitätsgebäuden keine Rücksicht nehmen (können), oder doch wenigstens, daß die Abstimmung bei der Durchführung der Arbeiten wegen der umständlichen Zuständigkeitsregelung äußerst kompliziert ist. Während die eigenen Handwerker ohne Schwierigkeiten in der Lage sind, sich den betrieblichen Anforderungen anzupassen, oder die Universität im unmittelbaren Kontakt beauftragten Firmen die besonderen Anforderungen des betrieblichen Ablaufs, die durch die Bauarbeiten nicht gestört werden dürfen, vergleichsweise einfach vermitteln kann, fällt dies auf dem Umweg über ein völlig anderes Amt entsprechend schwerer. Oft stellt sich auch erst während der Bauarbeiten heraus, welche Störungen davon für den Betrieb ausgehen. Bis durch die Benachrichtigung des Staatshochbauamtes, das ja Vertragspartner der beauftragten Handwerkerfirma ist, ein Eingreifen möglich wird (was dann in aller Regel zusätzliche Kosten verursacht, weil das Unternehmen seine Einsatzplanung ändern muß), hat die Universität die Störung zu ertragen. Die Kühleinrichtungen der Mensa und die Elektroversorgung des Rechenzentrums kann man nun einmal nicht zu beliebigen Zeiten abschalten. Woher soll aber die fremde Verwaltung, die die Verträge mit den Baufirmen abschließt, so genau wissen, was wann geht, und wie sollen die Kosten in Grenzen bleiben, wenn es aus Gründen des Universitätsbetriebes unerläßlich ist, schlecht koordinierte und bereits begonnene Bauarbeiten wieder einzustellen?

Auch dafür ein Beispiel: Das Dach des Hörsaalgebäudes der Universität war dringend reparaturbedürftig. Dazu mußte zunächst der Dachaufbau, der aus einer inzwischen porösen Betonschicht von rund 20 Zentimeter Dicke bestand, mit Hilfe von Preßlufthammern beseitigt werden. Wegen des dadurch erzeugten Lärms wurden diese Arbeiten für den August geplant. Auf Grund der Ausschreibung wurde (natürlich) der billigste Bieter beauftragt, der kurz nach Beginn der Arbeiten (natürlich) in Konkurs ging. Eine neue Firma begann mit den Arbeiten Anfang September. Da die Hörsäle in diesem Monat für viele große, international besetzte Kongresse benötigt wurden, denen der auf dem Dach erzeugte Lärm nicht zuzumuten war, mußten die Arbeiten wieder eingestellt werden. Das zur Hälfte abgeräumte Dach brauchte erst einmal eine Notabdeckung, was (natürlich) zusätzliche Kosten verursacht hat. Anschließend wurden die Lärm verursachenden Arbeiten wiederaufgenommen, und als Mitte Oktober die Vorlesungen des Wintersemesters begannen, mußten die Lehrveranstaltungen drei Wochen lang im Lärm stattfinden, da man den Winter mit dem Notdach kaum überstanden hätte. Natürlich bestärkte die Behinderung der Vorlesungen Professoren und Studenten in ihrer Auffassung, die Universitätsverwaltung, die mit diesen Vorgängen überhaupt nichts zu tun hatte, sei unfähig.

Daß solche Vorkommnisse keine Einzelfälle sind, zeigt die Auswechslung von Fenstern, die aus ähnlichen wie den geschilderten Gründen an verschiedenen Gebäuden des Universitätszentrums immer im Oktober/November stattfand, obwohl sie jeweils für den August geplant war. Besonders eindrucksvoll war die »Fensteraktion« im Fall des Seminargebäudes der Universität Leipzig im Herbst 1996: Die alten Fenster waren entfernt, die neuen paßten nicht (Billigbieter!); die Studenten richteten in dem zugigen, eingerüsteten und daher völlig ungeschützten Gebäude Nachtwachen ein, um die teuren Computereinrichtungen vor Diebstahl zu bewahren!

Sparen, koste es, was es wolle oder
Der Staat als Subjekt des Wirtschaftslebens

Das Kältewerk oder
Eine unendliche Geschichte

Nach der barbarischen Sprengung der unbeschädigten, über 700jährigen gotischen Universitätskirche im Jahr 1968 und dem Abriß der übrigen, kriegsbeschädigten Universitätsgebäude am Leipziger Augustusplatz (die zum größten Teil durchaus weiter benutzbar waren und die wieder instand zu setzen sich angesichts ihres Zustandes wie ihres historischen Wertes gelohnt hätte) wurde für den dort entstehenden Neubaukomplex (28stöckiger Büroturm, Hörsäle, Seminargebäude, Verwaltungszentrale, Mensa und – nicht zu vergessen – das Gewandhaus) in etwa 400 Meter Entfernung ein Kältewerk errichtet, mit dessen Hilfe die Räume seither klimatisiert werden. Diese Anlage ist mittlerweile technisch verschlissen, die Energieverluste sind erheblich. Das Grundstück ist durch ausgelaufene Kühlmittel verseucht.

Um die Klimatisierung aufrechterhalten zu können, sind – vor allem auch wegen der überholten Steuerungstechnik, die nachzurüsten angesichts des Verschleißes der Gesamtanlage völlig unwirtschaftlich wäre – acht Mitarbeiter rund um die Uhr im Einsatz. Täglich droht der Betrieb zusammenzubrechen, weil es keine Ersatzteile mehr gibt. Was dennoch unbedingt ausgetauscht werden muß, wird in teurer handwerklicher Einzelanfertigung an den Grenzen des Finanzierbaren hergestellt.

Nicht nur der Neubau, auch der Ersatz einer technischen Anlage folgt in den Universitäten dem dargestellten Verfahren nach dem Hochschulbauförderungsgesetz. Die dafür erforderlichen Jahre kann man aber wegen des Zustandes des Kältewerks nicht abwarten.

Da ein renommierter Leipziger Verlag im Jahr 1991 – gerade zu dem Zeitpunkt, als sich die Notwendigkeit der Erneuerung des Kältewerks herausstellte – an seinen alten Standort zurückkehren und ein neues Gebäude errichten wollte, dem das abgewirtschaftete Kältewerk im Wege stand, machte er der Universität folgenden Vorschlag: Der Verlag wollte die Kosten für die Beschaffung und den Einbau moderner, kleinerer und wartungsfreier Kälteaggregate übernehmen, die sich in den zu klimatisierenden Gebäuden selbst unterbringen lassen, und im Gegenzug das Grundstück des Kältewerks erwerben. Der Wert der vom Verlag zu erbringenden Leistungen lag deutlich über den in der Bodenwertkarte der Stadt Leipzig ausgewiesenen Quadratmeterpreisen, zumal das Grundstück über keinen eigenen Straßenzugang verfügt und für eine selbständige Bebauung nach den Vorschriften des Bundesbaugesetzes praktisch nicht in Frage kommt. Einer Wiederverwendung für ein neues Kältewerk steht die Entfernung und die damit verbundene Notwendigkeit aufwendiger Leitungsneubauten im Weg. Die Planung der Stadt Leipzig, unter dem von den Kühlleitungen unterquerten Augustusplatz eine große Tiefgarage zu errichten, machte es darüber hinaus erforderlich, entweder auf den bisherigen Standort des Kältewerks zu verzichten oder die Leitungen mit großem Aufwand über eine andere

Trasse zu führen. Für die Universität fiel zusätzlich ins Gewicht, daß der private Investor an einer schnellen Realisierung seiner Baumaßnahme interessiert war. Denn das hätte zur Einsparung der erwähnten acht Personalstellen geführt, die zur Wartung des alten Werks, in das – wie gesagt – automatisierte Steuerungstechnik nicht eingebaut werden kann, erforderlich sind. Allein dies hätte zu einer Einsparung von rund einer halben Million Mark im Jahr geführt.

Wer gedacht hatte, der Staat werde sich ein solch gutes Geschäft nicht entgehen lassen, sah sich bitter getäuscht: Nach monatelanger Prüfung kam der Bescheid, ein derartiger Tausch sei aus haushaltsrechtlichen Gründen nicht zulässig.

Auf Drängen der Universität, eine andere Lösung zu suchen, wurde das Problem auf die modische »Privatisierungsschiene« geschoben: Da ja die öffentliche Verwaltung auf die Erledigung von Aufgaben, wo immer das möglich ist, durch »Outsourcing« verzichten soll, übernahm es die für die Bewirtschaftung der Universitätsgebäude und damit auch für die Klimatisierung zuständige Liegenschaftsverwaltung, einen Investor zu suchen, der mit der Lieferung von Kälte beauftragt werden sollte. Obwohl der natürlich als Monopolist die künftigen Preise diktieren könnte, so daß die Vergabe des Auftrags an ihn einer Lizenz zum Geldscheindrucken gleichkommt, hat es vier Jahre gedauert, bis ein einigermaßen akzeptables Angebot vorlag.

Wer nun hoffte, dieses Problem werde damit endlich seine Lösung finden, lag wieder einmal falsch. Denn nun

mischte sich die Ministerialbürokratie ein: Die Stadtwerke, die die Kühleinrichtungen bauen und dies über
den Preis der Kältelieferungen finanzieren wollten, verlangten eine zwölfjährige Abnahmegarantie, weil sich die
Investitionen sonst nicht amortisieren ließen. Finanz- und
Wissenschaftsministerium lehnten eine so lange Bin-
dungsfrist ab, weil geplant sei, die klimatisierten Gebäude
in der Zwischenzeit zu sanieren, so daß man erwarten
könne, die Kältelieferungen der Stadtwerke dann nicht
mehr, jedenfalls aber nicht mehr im bisherigen Umfang,
zu benötigen. Da aber vom 1. Juli 1998 an der Einsatz des
im alten Kältewerk verwendeten Kühlmittels aus Umweltschutzgründen endgültig verboten ist, also nun schnell
etwas geschehen muß, entschloß man sich, mobile Kälteaggregate in Containerform aufzustellen.

Die Verwirklichung dieses Planes scheiterte nun wieder daran, daß es der Liegenschaftsverwaltung nicht
gelang, für das Grundstück des maroden Kältewerks – das
wie schon erwähnt über keinen eigenen Straßenzugang
verfügt und daher nur über die Nachbargrundstücke
erreicht werden kann – ein Wegerecht von den Angren-
zern zur Aufstellung der Container zu erwerben. Diese
haben nämlich verständlicherweise keinerlei Interesse an
der Existenz einer solchen Anlage in ihrer Nachbarschaft
und sehnen den Tag herbei, an dem das alte Kältewerk
endlich abgerissen wird. Ohne das Wegerecht erteilt aber
die Stadtverwaltung nicht die Genehmigung für den Aufbau der Container…

Inzwischen naht der Termin für das Inkrafttreten der
»Halon-Verbots-Verordnung« und damit das endgültige

Aus für das noch verwendete Kühlmittel. Die Finanzverwaltung überlegt inzwischen, ob man das Kältewerk nicht
unter stillschweigender Duldung der Umweltbehörden
weiter betreiben kann, um Zeit zur Lösung des Problems
zu gewinnen. Die »Halon-Verbots-Verordnung« sieht
aber keine Ausnahmen vor. Die Universität, die Betreiber
der Anlage ist, weigert sich deshalb, die Verstöße gegen
die Vorschriften zu verantworten und ihre zuständigen
Mitarbeiter womöglich strafrechtlicher Verfolgung auszu-
setzen.

Damit ist der Vorgang aber immer noch nicht in allen
seinen wichtigen Stationen geschildert: Als nämlich der
sächsische Ministerpräsident die Rektorate der Universitäten um Verständnis dafür bat, daß weitere Stellenkürzungen unvermeidlich seien, wurde ihm der oben erwähnte Bescheid seiner Oberfinanzdirektion Chemnitz,
die das Tauschgeschäft untersagt und damit die Weiterbe-
schäftigung der acht »Anlagenfahrer« für das Kältewerk
zu verantworten hatte, mit der Bitte ausgehändigt, doch
die Voraussetzungen für solche Einsparungsmöglichkei-
ten im Personalbereich zu schaffen, die – anders als die
verlangten Stellenkürzungen – nicht in die Funktionsfähigkeit der Hochschulen eingreifen. Die daraufhin an-
geordnete Überprüfung der Entscheidung führte zu ihrer
Bestätigung.

Allerdings hat es die Universität Leipzig nun in der
Finanzverwaltung zu büßen, denn ihre Eingabe an den
Ministerpräsidenten wurde ja nicht als Hilferuf, sondern
als Beschwerde aufgefaßt. Die Folge: Man bemühte sich
keineswegs darum, den Mißstand abzustellen, sondern

sich zu rechtfertigen und nachzuweisen, daß die Eingabe unberechtigt sei. Für künftige Fälle braucht die Universität nach einem solchen Vorgang mit kollegialer Unterstützung in Finanzministerium und Oberfinanzdirektion nicht mehr zu rechnen. Denn schließlich mußte sich der zuständige Beamte ja für sein Verhalten gegenüber der Staatskanzlei rechtfertigen – und so etwas ist für die Zusammenarbeit in der Bürokratie nun einmal »tödlich«.

Die Reaktion der Ministerialbürokratie, einen Hilferuf bei den politischen Instanzen als Beschwerde aufzufassen, trägt zur Unbeweglichkeit der öffentlichen Verwaltung erheblich bei. Gerade wegen der von den Politikern immer wieder geforderten Leistungssteigerung gibt es kaum einen Beamten, der – wie bereits dargelegt – bereit wäre, die Existenz irgendeines Problems in seinem Verantwortungsbereich zuzugeben. Der Hilferuf wird also damit abgewehrt, daß man den Bittsteller als Querulanten darstellt und angesichts des Gesetzes- und Verordnungswustes natürlich immer Hunderte von Gründen anzugeben weiß, warum das vom Petenten gewünschte Verwaltungshandeln nicht zulässig ist. Für die Spitzenpolitiker stellt sich demnach die Welt in ihrem Verantwortungsbereich rosig und heil dar. Wer diesen Umstand in Zweifel zieht, ist entweder bösartig oder dumm, er wird zum Nörgler gestempelt oder als seinem Amt nicht gewachsen dargestellt. Die Folge: Es gibt aus der Verwaltung kaum noch einen Hilferuf »nach oben«.

Verwunderlich bleibt an dem gesamten Vorgang nur, wie den zuständigen Beamten in diesem Fall eine Rechtfertigung gelungen ist, denn die angeblich im Wege stehenden haushaltsrechtlichen Vorschriften existieren überhaupt nicht. Im Gegenteil: Dieselbe Behörde, nämlich die Liegenschaftsverwaltung, die den Grundstückstausch gegen Erneuerung der technischen Gebäudestruktur für unzulässig erklärt hatte, hat mit der Weggabe des Universitätshochhauses gegen ein vom Eigentümer nachträglich noch zu sanierendes anderes Gebäude ein erheblich komplizierteres Tauschgeschäft selbst eingeleitet und ohne Beteiligung der davon maßgeblich betroffenen Universität durchgesetzt.

Die Geschichte des Kältewerks hat übrigens noch eine weitere, für den Bürger und Steuerzahler ärgerliche Pointe: Inzwischen gibt es einen Flächennutzungsplan der Stadt Leipzig, in dem die Bebaubarkeit des »Kältewerksgrundstückes« um zwei Drittel niedriger angesetzt wurde (für mit dem Baurecht vertraute Leser: von einer Geschoßflächenzahl von 4,0 auf 1,4). Das bedeutet, daß früher auf diesem Grundstück ein Gebäude mit einer Bruttonutzfläche (= Geschoßflächenzahl), die viermal so groß ist wie das Grundstück, jetzt nur ein Bauwerk mit einer Flächensumme von 1,4 der Grundstücksgröße errichtet werden darf. Das hat den Wert dieser Immobilie natürlich erheblich gemindert. Da es – wie erwähnt – über keinen eigenen Straßenzugang verfügt, kann es nach der Beseitigung der Ruine des Kältewerks (und dazu ist der Staat schon aus Umweltschutzgründen verpflichtet) praktisch nur noch als Grünfläche genutzt werden – zur Freude des Verlages, da dies den Wert seines eigenen Grundstücks erheblich steigert, und das unter Einsparung von 6,8 Millionen Mark, die ihn nämlich das Tauschgeschäft gekostet hätte.

Das Notstromaggregat oder
Oft geht es nur gegen die Vorschriften

Das »Kältewerk« ist kein Einzelfall, sondern jedenfalls dann typisch für Verwaltungshandeln, wenn es um neuartige Vorschläge zur Lösung von Problemen geht. Daß aber auch bei eher »konventionellen« Fragen kurzsichtig und damit zu Lasten der öffentlichen Finanzen entschieden wird, belegt der Fall des Notstromaggregats für neue Operationssäle der Universität Leipzig.

Der wegen der Mißwirtschaft des SED-Staates allgemein katastrophale Zustand der Gebäude hat eine besonders verheerende Ausprägung in den Operationssälen des Leipziger Universitätsklinikums. Angesichts des erheblichen Beitrags, den die Universität zur medizinischen Versorgung der Region zu erbringen hat, ging die neue Universitätsleitung nach der Wende dieses Problem mit großer Energie an. Mit konventionellen Bauten hätte es zu lange gedauert. Daher entschloß man sich, einen Container-Pavillon neben das zehnstöckige Bettenhaus des Klinikums zu stellen. Die erforderlichen finanziellen Mittel – rund 20 Millionen Mark – wurden in der erstaunlich kurzen Zeit von drei Wochen bewilligt.

Nun aber begann der Leidensweg der »Maßnahme« durch die Bürokratie: Eines der renommiertesten deutschen Medizintechnik-Unternehmen, das die Universität nach der Bauzeit befragt hatte, sicherte zu, nach drei Monaten die erforderlichen »Raumzellen« anzuliefern und die Montage in weiteren drei Monaten so abgeschlossen zu haben, daß die Chirurgen die neuen Operationssäle ein halbes Jahr nach Bewilligung der Mittel hätten in Betrieb nehmen können. Fundamente und technische Anschlüsse hätten während der Produktionszeit der Container geschaffen werden können. Und die junge, mit Kompetenzen und Bereitschaft zur Eigenentscheidung ausgestattete und angesichts der allgemeinen Lage auf höchste Effizienz bedachte Baubehörde der Stadtverwaltung, die die Baugenehmigung zu erteilen hatte, hätte sowieso mitgespielt und keinen Verzug entstehen lassen.

Aber einem solchen Vorgehen standen (natürlich!) das Haushaltsrecht und seine Anhängsel im Wege, in diesem Fall wieder einmal die »Verdingungsordnung für Bauleistungen (VOB)«, die eine Ausschreibung zwingend vorschreibt. Bis allein die Ausschreibungsunterlagen dafür vom Staatshochbauamt vorgelegt wurden, waren bereits (nein: nur!) drei Monate vergangen. Den Zuschlag erhielt dann (natürlich) nicht das erwähnte renommierte Unternehmen, sondern ein auf dem Gebiet der Krankenhaustechnik bisher nicht erfahrener, sondern vor allem im Flugzeugbau bekannt gewordener Konkurrent, wieder einmal, weil man sich nicht für das wirtschaftlichste, sondern das billigste Angebot entschied.

Die Pointe ist keineswegs, daß dem Staat hinterher (natürlich) eine teurere Rechnung präsentiert wurde, weil der Leistungsumfang des erfolgreichen Bieters wesentlich geringer war. Da es sich um eine hochspezifische Ausstattung handelte, konnten die zuständigen Mitarbeiter des Staatshochbauamtes den erforderlichen Leistungsumfang nicht genau genug beurteilen. Daher mußten zahlreiche Zusatzaufträge erteilt werden, um den Neubau funktionsgerecht auszustatten und die Betriebsgenehmigungen vom Gewerbeaufsichtsamt und vom Technischen Überwachungsverein zu erhalten. Daß der glückliche Gewinner der Ausschreibung nicht mit dem Tempo des erfahrenen Unternehmens mithalten wollte und konnte, mußte die Universität hinnehmen, schließlich wäre durch Eile bedingter Pfusch mit lebensbedrohenden Gefahren verbunden gewesen.

Schlimmer wirkte der enorme Zeitverzug, der sich aus dem Streit zwischen der Universität und der für die Prüfung der Bauwünsche zuständigen Oberfinanzdirektion ergab. Zu der besonders maroden technischen Infrastruktur des Universitätsklinikums gehört die Stromversorgung. Daß für Operationssäle auch bei einem ordnungsgemäß arbeitenden Grundnetz ein Notstromaggregat (Bürokratendeutsch: »Netzersatzgerät«) vorhanden sein muß, sieht auch jeder Sparkommissar ein. Auf den Rat erfahrener Techniker hin und nach der bösen Erfahrung, daß in der orthopädischen Klinik nicht nur das Grundnetz, sondern auch das Notstromaggregat gerade erst zusammengebrochen und es zu einem 20minütigen Stromausfall bei laufender Operation gekommen war, verlangte die Universität die Installierung getrennter »Netzersatzgeräte« für jeden der beiden Operationssäle. Die Oberfinanzdirektion lehnte das ab. Daraufhin wurde eine Konferenz der Beteiligten – Universität, Staatshochbauamt, Planungsbüro und Oberfinanzdirektion – einberufen. Nach stundenlangen Verhandlungen einigte man sich schließlich; das zweite Aggregat wurde akzeptiert. Drei Wochen später nahm die Oberfinanzdirektion ihre Zustimmung zurück, ohne dies allerdings der Universität mitzuteilen, sondern in einer Weisung an das Staatshochbauamt, woraufhin dieses die technischen Anschlußwerte ummodelte und von nur noch einem Netzersatzaggregat ausging. Als der Universität dies nach weiteren vier Wochen aus einem ihr unbeabsichtigt übersandten Protokoll einer internen Besprechung bekannt wurde, gab es erneut eine Konferenz. Die Anschlußwerte wurden nun wieder für zwei Aggregate geändert. Anschließend machte die Oberfinanzdirektion erneut einen Rückzieher.

Die dadurch gebildete »Verwaltungsschleife« wäre endlos geworden, wenn sich Universität und Hochbauamt nicht unterderhand auf ein »Verfahren à la DDR« geeinigt hätten: Offiziell gab sich die Universität mit der Entscheidung zufrieden, damit es überhaupt weiterging (denn inzwischen war allein aus diesem Grund wieder ein halbes Jahr vertan). Die Techniker blieben aber bei den Anschlußwerten für zwei Aggregate, und die Universität errichtete das zweite System auf eigene Kosten (unter Einsatz von Mitteln, die eigentlich für die Beschaffung wissenschaftlicher Apparate bestimmt waren; aber die Notlage bei den Operationssälen mußte in dieser Situation einfach Vorrang haben).

Um es abzukürzen, lassen wir andere, für bürokratische Entscheidungsstrukturen typische Vorfälle während der Bauzeit dieses Vorhabens einmal beiseite: Statt der möglichen Realisierung innerhalb eines halben Jahres dauerte es bis zur Inbetriebnahme der OP-Anlage zweieinhalb Jahre! In dieser Zeit mußten natürlich nicht nur viele Akutkranke in westliche Kliniken gebracht werden und viele andere Patienten unvertretbar lange Zeit auf ihre Operation warten. Es kam auch hinzu, daß die Bettenauslastung des Universitätsklinikums darunter litt, so daß die Krankenkassen zur Finanzierung nicht die Beiträge zu leisten hatten, die üblich sind – mit der Folge, daß die Defizite des Klinikums aus dem Staatshaushalt zu decken waren. Was Sparmaßnahme sein sollte, stellt einen klassischen Beleg für die darin liegende, völlig folgenlos bleibende, ja im Grunde niemandem auffallende Verschwendung öffentlicher Mittel dar.

Daß diese Mißwirtschaft ausgerechnet auf das Wirken der Sparkommissare der Oberfinanzdirektion zurückzuführen ist, ist kein zufälliger Witz, sondern zwangsläufige Konsequenz des Systems der Aufteilung von Verantwortung in der öffentlichen Verwaltung: Eingebunden in die Kompetenzkästchen, in denen der Staat allenthalben die Übersicht verliert, hat der handelnde Beamte nicht einmal die Chance zu erfahren, was er da so alles anrichtet. Denn wie soll der Sachbearbeiter der Staatshochbauverwaltung, der über den Zuschlag bei einer Ausschreibung zu entscheiden hat, überhaupt in der Lage sein, die Wirtschaftlichkeit eines Angebotes zu prüfen, wenn er sich dabei ausschließlich auf Parameter zu stützen hat, die sein eigenes, bautechnisches Gewerbe betreffen? Wie soll er Kosten berücksichtigen, die außerhalb seines eigenen Wirkungskreises entstehen, die er aber durch seine Entscheidung ganz maßgeblich beeinflußt?

Gerade für diese These hat die Geschichte um die OP-Anlage hinterher noch einmal einen Beweis mit aller wünschenswerten Deutlichkeit geliefert: Wenige Wochen nach der Inbetriebnahme erlebte das erste Team, das zu Beginn einer neuen Woche am Montagmorgen die Operationsräume betrat, eine böse Überraschung: Der Boden stand unter Wasser, von den Decken tropfte es. Die Klimaanlage war in der Nacht vom Freitag zum Samstag ausgefallen, es hatte sich Kondenswasser gebildet und alles durchfeuchtet. Eine solche maschinelle Panne wäre an sich nicht schlimm gewesen, denn natürlich ist die technische Zentrale des Klinikums Tag und Nacht und auch an den Wochenenden besetzt. Um zu sparen, hatten die Kommissare aber u. a. auch den erforderlichen Computer gestrichen, der nötig gewesen wäre, um Störungsmeldungen an die Zentrale weiterzugeben. Die Folge: Die gesamte OP-Anlage mußte trockengelegt werden, alles technische Gerät war auszubauen und zu überprüfen. Neben den direkten Schäden an zwei Geräten (Kosten: rund eine halbe Million Mark) mußte das Operationsprogramm für zehn Tage abgesetzt werden – ein Einnahmeausfall in Höhe von einigen weiteren hunderttausend Mark für das Klinikum.

Der verantwortliche Sparkommissar darf nach wie vor stolz darauf sein, daß er durch die Streichung des Computers 10 000 Mark eingespart hat. Er wird höchstwahrscheinlich niemals erfahren, was er angerichtet hat, denn eine Rückkoppelung ist in dem geschilderten Kompetenzkästchensystem der staatlichen Zuständigkeitsregelungen nicht vorgesehen. Und wenn er es zufällig doch erfahren sollte, werden weder er selbst noch seine Vorgesetzten deshalb ein schlechtes Gewissen haben. Denn natürlich kann er sich für seine Entscheidung auf eine Vorschrift berufen. Und deshalb wird er demnächst auch von der Oberfinanzdirektion mit großem Dank für sein segensreiches Wirken in den wohlverdienten Altersruhestand verabschiedet werden.

»Ist-Besteuerung« oder Koste es, was es wolle

Sich mit dem Steuerrecht zu befassen, sieht die politische Publizistik immer nur dann Anlaß, wenn sie nicht umhinkann, über aktuelle Neuentwicklungen zu berichten und sie zu kommentieren. Dabei böte gerade dieses Kapitel der Staatsverwaltung Stoff, um nahezu alle Politikfelder zu beleuchten und Erklärungen für zahlreiche Unzuträglichkeiten zu liefern. Der Komplexitätsgrad dieser Materie schützt sie aber vor den Blicken der Öffentlichkeit inzwischen nahezu perfekt. Das folgende Beispiel über den Einfluß des Steuerrechts auf den Universitätsalltag soll einmal einen Ausschnitt auch dieses Gebietes beleuchten.

Die Universitäten sind zu Recht gehalten, ihre Leistungen an Dritte nicht kostenfrei abzugeben, sondern sie nach Möglichkeit in Rechnung zu stellen. Das ist nicht nur ein Gebot sparsamer Wirtschaftsführung, sondern hat auch seinen ordnungspolitischen Sinn: Gäbe es die Leistungen der Universitäten z. B. für technische Entwicklungen und medizinische Behandlung zum Nulltarif, erwüchse kommerziellen Anbietern eine Konkurrenz, deren sie sich nicht erwehren könnten. Darüber, daß die Universitäten Einnahmen aus Auftragsforschung, der Veräußerung von Wirtschaftsgütern oder Leistungen in Medizin und Veterinärmedizin in gleicher Weise wie der private Unternehmer versteuern müssen, könnte man zwar bereits streiten, da der Staat in diesem Fall ja mit der einen Hand einnimmt, was er mit der anderen wieder ausgeben muß. Er verliert bei diesem angeblichen »Nullsummenspiel« zwar im Effekt mindestens die Beträge, die für die Verwaltung des Geldumschichtens aufgewendet werden müssen. Sowohl ordnungspolitisch als auch verwaltungstechnisch gibt es aber Gründe dafür, auch bezüglich der Steuerpflicht von Staatseinrichtungen nach dem »Brutto-Prinzip« des Haushaltsrechts zu verfahren.

Absurd wird dies allerdings dort, wo die Universitäten mehr als die für die »Ist-Versteuerung« festgesetzte Freigrenze einnehmen: Der Kleinunternehmer soll bei »Bagatell-Einnahmen« vor zu großem Aufwand für die Buchführung geschützt werden. Solange er unter der »Freigrenze« bleibt, meldet er deshalb seine steuerpflichtigen Umsätze nicht nach den Beträgen an, die er seinen Kunden in Rechnung stellt, sondern nur dasjenige, was er tatsächlich auf seinem Konto an Umsätzen hat. Liegt der Betrag über der Freigrenze – derzeit 60 000 Mark – muß er die Sollstellungen zur Grundlage seiner Steueranmeldung machen, die dann nämlich nach den zu erwartenden Einnahmen vorzunehmen ist.

Für die Universitäten gilt dies ebenso. Nun sind aber längst nicht alle Forderungen auch zu realisieren. Einmal herrscht generell ganz offenkundig eine schlechte Zahlungsmoral; zum anderen entscheidet eine andere Behörde als die Universität, nämlich die Landesoberkasse, ob bei Zahlungsproblemen auf Forderungen (z. B. bei allen Beträgen unter 50 Mark) verzichtet werden soll. Gälte die Steueranmeldung nach dem »Ist«, wäre die Nachweisführung gegenüber dem Finanzamt mit Hilfe der für den Staat und damit auch die Universität verbindlichen kameralistischen Buchführung leicht zu erbringen: Es käme ja nur auf die Kontobewegungen bei der Bank an, die jederzeit mittels Knopfdruck abrufbar wären. Bei der von den Universitäten unnachgiebig geforderten Soll-Versteuerung ist das nicht möglich. Hierfür wird es nötig, parallel und zusätzlich zur kameralistischen eine weitere, nach Bilanzierungsgrundsätzen aufgebaute Buchführung einzurichten.

Das hat zwei Folgen: Einmal werden die Wissenschaftler, die sich gezwungen sehen, zur Realisierung im Ergebnis völlig nutzloser bürokratischer Verfahren erhebliche Teile ihrer wichtigsten Ressource – nämlich ihre Zeit – einzusetzen, keine Anstrengungen mehr machen, bezahlte Aufträge einzuwerben, die für sie keinerlei Vorteil bringen, ihnen aber eine große Menge zusätzlicher Verwaltungsarbeit abverlangen. Der Verlust, der dem Staat dadurch entsteht, ist nicht meßbar und wird daher nirgends bilanziert. Dennoch entstehen Kosten für zusätzliche Bürokratie, deren einzige Aufgabe darin besteht, festzuhalten, wie viel Geld der Staat ohne jeden weiteren Effekt von einer Tasche in die andere steckt. Denn alle derartigen Umsätze lassen sich ja nicht vermeiden. Allein in der Veterinärmedizin haben sie einen Umfang, der deutlich über den für einen ganz anderen Zweck eingeräumten Freigrenzen bei der Ist-Versteuerung liegt.

Die zweite Folge ist, daß die Ausbildung praxisferner wird: Wo man in der Veterinärmedizin keine Patienten mehr behandelt, sondern die Ausbildung per Videofilm und an Hand von Lehrbüchern betreibt, muß sie verkümmern. Welche Folgen das dann hat, ist ebenfalls nicht meßbar. Es wirkt sich auf den Staat auch nur langfristig und unmittelbar durch Arbeitslosigkeit von Akademikern und mangelhafte Konkurrenzfähigkeit deutscher Produkte und Unternehmen auf dem Weltmarkt aus.

»Hauptsache es macht politischen Eindruck« oder
Die Verwaltungskosten des
Kindergeldgesetzes

Als die sozialliberale Koalition vor der Bundestagswahl 1972 die Einführung des Kindergeldes betrieb, weigerte sich der (damals CDU-beherrschte) Bundesrat, die praktische Erledigung dieser Aufgabe den Finanzämtern zu übertragen. Das hätte aus Kostengründen nahegelegen: Man hätte den jeweiligen Betrag von der Lohnsteuerschuld abziehen und damit die Mehrzahl aller Fälle fast ohne zusätzlichen Verwaltungsaufwand erledigen können. Die Weigerung des Bundesrats, dieser Lösung zuzustimmen, wurde damit begründet, es entstünden dadurch Kosten zu Lasten der Länder, weil sie ja für die Finanzverwaltung zuständig sind und die Ämter finanzieren müssen. Als formaler Grund wurde außerdem vorgebracht, daß das vorgesehene (preiswerte) Verfahren die Einführung der »negativen Steuerschuld« bewirkt hätte, d. h., das Finanzamt hätte Zahlungen an alle diejenigen vornehmen müssen, deren Einkommen unterhalb der Steuerpflicht liegt und die Anspruch auf Kindergeld haben. Das aber fürchtet die Steuerpolitik wie der Teufel das Weihwasser. Denn das wäre ein Verfahren gewesen, das angeblich an den Grundfesten der staatlichen Organisation von Steuerpflicht und Sozialfürsorge rüttelt: Man könnte dann nämlich – wie der Nobelpreisträger für Wirtschaftswissenschaft Friedrich August von Hayek bereits vor langer Zeit gefordert hat – die gesamte Sozialbürokratie einsparen. Das Parlament müßte (wegen der Entwicklung des Bruttosozialproduktes und der Inflationsrate) jährlich das Mindesteinkommen festlegen. Wer mehr verdiente, zahlte – wie bisher – progressiv steigende Steuern. Wer ohne Einkommen wäre oder unter der festgesetzten Grenze für das Mindesteinkommen bliebe, erhielte – gleichgültig, ob der Grund dafür Ausbildung, Krankheit, Arbeitslosigkeit oder Alter wäre – vom Finanzamt die vom Parlament festgesetzten Beträge.

Natürlich könnte eine derartige Umstellung unseres Steuer- und Sozialsystems, die man zu Recht als Revolution bezeichnen müßte, nicht in einem Schritt erfolgen. Die Einführung des Kindergeldes hätte aber einen Einstieg der Länder in ein relativ enges soziales Feld der Staatsbetätigung bedeutet und damit zugleich der Sammlung von Erfahrungen zur Vorbereitung der eines Tages für die Verwaltung der Sozialleistungen gar nicht zu vermeidenden Umstellung dienen können.

Die damalige Bundesregierung war wegen der Absage der Länder keineswegs unzufrieden. Denn einmal ließ sich daraus das Wahlkampfargument gewinnen, die Union versuche die Einführung des Kindergeldes zu ver-

hindern. Zum anderen bot die Weigerung eine Möglichkeit, jeden Begünstigten in ganz besonderer Weise auf die
neue staatliche Leistung dadurch aufmerksam zu machen, daß nicht – sozusagen versteckt und daher in Kürze
in Vergessenheit geratend – ein »dank politischer Gunst«
erhöhter Betrag auf dem Gehaltskonto einging, sondern
daß der Staat zum jeweiligen Fälligkeitstermin aktiv Geld
auszahlte, so daß die Erwartung sicherlich nicht ganz
unbegründet war, der Bürger werde die jeweils gesondert
gutgeschriebenen Beträge auf seinem Bankkonto mit dem
Wirken der Bundesregierung und der sie tragenden politischen Parteien in Zusammenhang bringen und bei der
Wahlentscheidung honorieren. Also wurde die neue Aufgabe den Arbeitsämtern – als der einzigen Verwaltung des
Bundes, die bis auf die Ortsebene hinunter durchorgani-
siert ist – übertragen. Dies machte seinerzeit die Einrichtung von 3000 zusätzlichen Planstellen erforderlich,
deren jährliche Kosten von etwa 250 Millionen Mark bei
Einführung des Kindergeldes sich inzwischen etwa verdoppelt haben. Dies waren nicht nur unproduktive, sondern vermeidbare Staatsausgaben. Als aber 1994 die
Reform des Verfahrens der Kindergeldgewährung zaghaft
im Sinne der 1972 nicht zustande gekommenen Lösung
eingeleitet wurde, sprach niemand mehr davon, daß die
seinerzeit bei den Arbeitsämtern eingerichteten Personalstellen nun wieder gestrichen werden könnten, im Gegenteil: Die Finanzverwaltung, die durch das neue Verfahren im gleichen Ausmaß wie die sich beteiligenden
Unternehmen geringfügig mehr belastet wurde, rief nach
zusätzlichem Personal.

4. Imponiergehabe oder
Warum unsere Gesetze so schlecht sind

> Der Schüler sprach zu seinem Meister: »Unser Fürst
> möchte seinen Staat verbessern und läßt fragen, wie er das
> beginnen soll.«
> Meister Kung antwortete: »Zuerst und vor allem muß der
> Fürst Sorge tragen, daß alle Dinge mit ihrem rechten
> Namen genannt werden.«
>
> KONFUZIUS

Der Nonsensbegriff »Gesundheitsstruktur-
reform«

Seit einem Vierteljahrhundert hat sich die bundesrepublikanische Politik damit abgemüht, die sich seinerzeit schon abzeichnende, heute die Grenzen des Erträglichen überschreitende Explosion der Kosten für Medikamente, ärztliche Leistungen und Krankenhausbehandlungen in den Griff zu bekommen. Seit etwa drei Jahren werden diese Bemühungen unter dem kaum reflektierten Begriff »Gesundheitsstrukturreform« zusammengefaßt.

Nun darf man nicht jedes Wort aus Politikermund auf die Goldwaage legen; und mancher falsche Begriff entfaltet eine Dynamik, gegen die jeder Widerstand zwecklos ist. Das Wortungetüm, das uns hier beschäftigt, findet sich inzwischen aber sogar als offizielle Bezeichnung in der Überschrift des »Gesetzes zur Sicherung und Strukturverbesserung der gesetzlichen Krankenversicherung« vom 21.12.1992, in dem dort als Kurzformel ausdrücklich der Begriff »Gesundheitsstrukturreform« festgelegt worden ist.

Was mag wohl die »Struktur der Gesundheit« sein? Das ist sprachlicher Unsinn. Eine solche Formulierung ist ja keineswegs, was sie vorgibt: eine praktische knappe Bezeichnung, auf deren Bedeutung es zur Bewältigung der gemeinten Probleme nicht weiter ankäme. Hier wird vielmehr durch falsche Wortwahl der Blick darauf verstellt, wo die Schwierigkeiten liegen. Wer aber nicht weiß, worum es geht, kann auch nicht den erforderlich zupackenden Angriff auf Fehlentwicklungen führen, der auf dem Gebiet der Kostenexplosion im Bereich der medizinischen Versorgung unausweichlich geworden ist. *Wer nicht ordentlich formuliert, denkt auch nicht folgerichtig.* Das Scheitern einer auf diese Weise in die Irre gehenden Politik ist daher zwangsläufig. Denn – um beim Beispiel zu bleiben – was geschieht denn bei der Reform der »Gesundheitsstruktur«? Was will sie erreichen? Offenbar die Begrenzung, wenn nicht Senkung der Ausgaben für die medizinische Versorgung. Wo setzt sie dabei an?

Man sollte denken, daß am Anfang eine nüchterne Analyse der Kostenentwicklung stünde. Weit gefehlt! Man weiß zwar, daß die heutige Hochleistungsmedizin teurer ist als ihre Vorgängerinnen. Die weitere Steigerung der Lebenserwartung wird durch exponentiell steigende Kosten erkauft. Aber anstatt dieses Problem beim Namen zu nennen, auf die Unausweichlichkeit des Zielkonfliktes »Lebenszeitverlängerung gegen Kostensteigerung« hinzuweisen und die Gesellschaft zu ermuntern, diesen Konflikt auszuhalten und auf diese Weise bewältigen zu lernen, zugleich aber – flankierend – im System der Finanzierung der Krankheitskosten (denn darum geht es)

Anreize zu gesünderer Lebensweise zu schaffen, versuchen die Politiker aller Lager, durch Schüren von Sozialneid Akzeptanz für weitere bürokratische Eingriffe in das medizinische Versorgungssystem zu finden: Man verdächtigt die Ärzte, zu hohe Einkommen zu erzielen, und man versucht, die pharmazeutische Industrie wegen angeblich unmoralisch hoher Gewinne für die Kostenexplosion verantwortlich zu machen. Unabhängig davon, ob die Argumente der Industrie stimmen – daß sie nur dank ihrer Gewinne bisher Forschungsleistungen finanzieren konnte, die zum Erfolg der deutschen Pharmazie auf den Weltmärkten geführt haben, und daß die heutigen Verdächtigungen dazu führten, die Industrie zu veranlassen, nun im Ausland zu investieren und dort höchst innovative Arbeitsplätze zu schaffen, zumal sie im Inland auch nicht unbehelligt von anderen bürokratischen Eingriffen forschen könne –, ganz abgesehen also von solchen (durchaus nicht von der Hand zu weisenden Argumenten), sind die Vorwürfe und die daraus abgeleiteten praktischen Schritte der politischen Steuerung auch ungeeignet, denkbaren (und sicher auch vorhandenen) Mißbrauch aufzudecken und abzustellen.

Denn wie geht die amtliche Politik – mitgetragen auch von den Krankenkassen und zumindest geduldet von den am sonstigen medizinischen Betrieb beteiligten Interessenverbänden – die Probleme an? Natürlich bürokratisch. Und das ist kein Wunder: Denn den Ton bestimmen bei dieser Debatte wieder einmal die »zuständigen« Bürokraten selbst. Und die haben nun einmal andere Interessen als die Lösung der jeweiligen Probleme.

Wie falsch der Ansatz des »Gesundheitsstrukturgeset-
zes« ist, zeigt eine einzige Überlegung: Wenn bis zur
Wiedervereinigung – spätere Zahlen liegen nicht vor –
von rund 50 Millionen Mitgliedern der Krankenversiche-
rungen jedes Jahr fast 200 Millionen Krankenscheine verwendet wurden (also von dem eingeräumten »Ver-
sicherungsschutz« nahezu hundertprozentiger Gebrauch
gemacht wurde), dann geht es eben in diesem System
nicht mehr um den Schutz vor unkalkulierbaren Risiken,
wie es Sinn einer *Versicherung* ist, und wie wir sie alle
wegen der Unvorsehbarkeit schwerer Erkrankungen
benötigen, sondern: um die Umverteilung von Konsum.
Daß aber die Zuteilung von Konsumgütern durch Bürokraten ineffizient ist, beweist gerade das System der
Krankheitskostenfinanzierung durch die nahezu vollständige Inanspruchnahme aller angebotenen Leistungen:
Die Versicherten wären ja schön dumm, wenn sie sich
nicht ein Äquivalent für ihre inzwischen unerträglich
hohen Beiträge zurückholten!

Statt dies zu berücksichtigen und die Umverteilung
von Konsumausgaben von der Sicherung vor unkalkulierbaren Risiken abzukoppeln, wird (natürlich) bürokratisch gesteuert: mit der Überwachung der Verordnungs-
praxis der Ärzte, mit der Erfassung jedes Handgriffs einer
Krankenschwester und zahlreichen weiteren derartigen
Palliativmittelchen, die – weil sie sich immer auf den einzelnen Kranken auswirken – bis in die Intimsphäre reichen. Und obwohl es Daten- und andere Schützer in
unserem Land in reichlichem Überfluß gibt, denkt überhaupt niemand daran, sich diese Eingriffe in die inner-

sten Sphären der besonders Schwachen, nämlich der Schwerkranken, zu verbitten. Denn es ist ja gar nicht von der Hand zu weisen, daß Ärzte und Klinikpersonal Konflikten mit den »Kostenträgern« und gegebenenfalls auch mit der eigenen Klinikverwaltung zu Lasten der Kranken lieber aus dem Wege gehen, als sich mit der Bürokratie herumzuschlagen, die bei der Interpretation der Vorschriften ja doch am längeren Hebel sitzt. Gerade bürokratisch gesteuerte Systeme veranlassen die »Gewaltunterworfenen« zum Weg des geringsten Widerstandes; schon deshalb wirken bürokratische Systeme immer zu Lasten der Schwächsten.

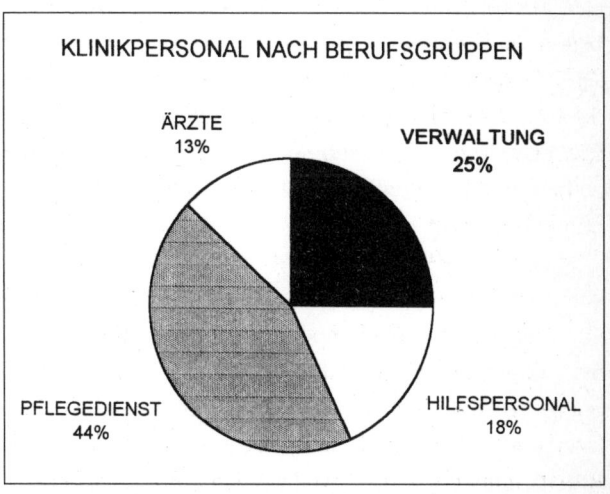

KLINIKPERSONAL NACH BERUFSGRUPPEN

ÄRZTE
13%

VERWALTUNG
25%

PFLEGEDIENST
44%

HILFSPERSONAL
18%

Gleichzeitig ernährt dieses System natürlich »seinen Mann«, d. h., die zu Hunderttausenden zählenden bürokratischen Umverteiler in den Kassen, kassenärztlichen

Vereinigungen, den Sozialämtern und deren Aufsichtsorganen. Nach dem Jahrbuch des Statistischen Bundesamtes (Ausgabe 1994) waren 1992 in den Krankenhäusern Deutschlands 926 000 Personen beschäftigt, davon rund 120 000 Ärzte, 400 000 Pflegekräfte und 170 000 in den sonstigen medizinischen Berufen, einschließlich Apothekern, Krankengymnasten, Masseuren und Bademeistern. Wo steckt der Rest von über 235 000 Mitarbeitern? Richtig, in der Bürokratie! Und das sind mehr als 25 Prozent.

Für die übrige Sozialverwaltung dürften kaum andere Zahlen gelten. Und daß dieser Kreis von Beschäftigten sich nicht freiwillig selbst überflüssig macht, indem er die Einführung sinnvoller Steuerungsmechanismen fördert, liegt auf der Hand.

Überläßt man aber die Reform des Systems den am Erhalt der bestehenden Strukturen existentiell interessierten Bürokraten, muß man sich nicht wundern, daß das System als solches überhaupt nicht beleuchtet wird. Infolgedessen laufen wir an den naheliegenden Lösungen wieder einmal vorbei.

Was ist politisch »vermittelbar«?
Zuständigkeiten rangieren vor Problemlösungen

Wenn es in unseren Gesetzen – wie bereits erwähnt – allein 19 verschiedene Definitionen für den Begriff »Einkommen« gibt, dann hat dies einen recht banalen Grund (wir kommen darauf gleich zu sprechen), der gar nicht einmal in der Unfähigkeit der Ministerien liegt, ihre

Gesetzgebungsvorhaben so abzustimmen, daß es eine ausreichende Harmonisierung der Vorschriften gäbe.

Sicher gibt es auch die oberflächliche Formulierung von Vorschriften. Immer wieder passiert dies z. B., weil die Gesetzgebungsmaschine offenbar nur unter erheblichem Zeitdruck zu agieren in der Lage ist, so daß wichtige Umstände schlicht vergessen werden.

Weil Personalangelegenheiten selbstverständlich vertraulich zu behandeln sind, kann nur allgemein darauf hingewiesen werden, welche hektische Betriebsamkeit in den Bürokratien mehrerer Ministerien entfaltet wird, wenn sich etwa herausstellt, daß zwar nach dem Beamtengesetz für einen bestimmten Dienstposten die Einstufung in der den höheren Rängen vorbehaltenen »B-Besoldung« vorgesehen ist, man aber im Haushaltsgesetz vergessen hat, die entsprechende Planstelle »auszubringen«. Wie mager das Ergebnis dieser Anstrengungen ausgefallen ist, soll lieber nicht dargestellt werden. Für die an einem solchen Vorgang Beteiligten kommt es ja aber auch nicht darauf an, das Problem zu lösen. Für sie ist es ausreichend, wenn sie sich für die Panne rechtfertigen und Schuld von sich selbst abweisen können. Gelingt ihnen das, schließen sie einen solchen Vorgang befriedigt ab.

Je komplizierter aber eine rechtliche Materie ist, d. h., je mehr Vorschriften einschlägig sind und beim Erlaß anderer Gesetze und Verordnungen beachtet werden müßten, desto wahrscheinlicher wird es, daß irgend etwas schließlich doch übersehen wird oder daß sich eine Folge einstellt, mit der niemand gerechnet hat. Zusammen mit dem erwähnten Zeitdruck und menschlicher Schlamperei, die sich ja nirgends vollständig ausschließen läßt, entsteht so eine ausgezeichnete Mixtur zur Förderung des Verdrusses am Staat und an seinen Gesetzen.

Ein Beispiel für eine solche schlampige Gesetzesformulierung wurde bei der Einführung der Pflegeversicherung einmal in breiter Öffentlichkeit bekannt; hierbei ging es darum, daß das Gesetz unklar gelassen hatte, ob die neuen Leistungen an Familienangehörige der Einkommenssteuerpflicht unterliegen. Dies mußte eilig in einem weiteren Gesetz klargestellt werden, nachdem es in der Einführungsphase bereits zu erheblichen praktischen Problemen gekommen war.

Solche Beispiele, die sich aus der Kombination von politischem Aktionismus und der Unfähigkeit zu technisch guten Gesetzen ergeben, sind Legion. Soweit die Fehler durch Gesetzesnovellen schnell behoben werden können, geht es ja noch an. Schlimmer sind all die schludrigen Formulierungen, die unterhalb der öffentlichen Aufmerksamkeitsschwelle liegen, sich daher immer weiter fortschleppen und pausenlos neuen verwaltungstechnischen Unsinn produzieren.

Die auf allen Gebieten der Gesetzgebung immer weiter anschwellende Unübersichtlichkeit hat aber noch andere Gründe: Einer davon liegt in der Zuständigkeitsvielfalt, die die Ursache für immer spitzfindigere Unterscheidungen ist. Hierher gehören die unterschiedlichen Definitionen des Einkommensbegriffes: Von seiner Höhe hängen sehr unterschiedliche Rechtsfolgen ab, nicht nur die Höhe der Einkommensteuer, sondern – um nur die wichtigsten Beispiele zu nennen – der Bezug von Kinder-

geld, die Studienförderung nach dem »Bundesausbildungsförderungsgesetz (BAföG)«, die Höhe der Förderung des Wohnheimbaus, die Gewährung von Wohngeld,
die Zahlung von Arbeitslosen- oder die Bewilligung von
Rechtskostenhilfe. Für jede dieser Materien ist ein anderer Politikbereich verantwortlich, und wenn tatsächlich
mehrere Anspruchsvoraussetzungen nur ein Ministerium
betreffen, gibt es dort mit Sicherheit unterschiedliche
Zuständigkeiten in den einzelnen Abteilungen und Unter-
abteilungen.

Am Ende jedes dieser Zuständigkeitsstränge sitzt der für
die Behandlung der Materie verantwortliche Referent, der
über das Gebiet seines Wirkens sorgfältig wacht und
gegen alle Versuche, es zu beschneiden, angeht. Weil von
der Größe und personellen Ausstattung des Referates
(oder der Unterabteilung) seine persönliche Einstufung
abhängt (z. B. steht einem Angestellten der Vergütungsgruppe BAT IIa die nächsthöhere Gehaltsstufe BAT Ib zu,
wenn er sieben Untergebene der gleichen Vergütungsgruppe hat), muß er im Gegenteil daran interessiert sein,
daß sein Zuständigkeitsbereich sich kontinuierlich erwei-
tert. Dazu hilft ihm nicht nur die Abwehr aller Versuche
für eine Harmonisierung der Legal-Definitionen, an die
Rechtsfolgen geknüpft werden, sondern vor allem die
sorgfältige Beobachtung der Rechtsprechung, die angesichts der notwendigerweise nicht perfekten gesetzlichen
Regelungen immer wieder Anlaß gibt, den Gesetzesappa-
rat zu erweitern und zu verfeinern – mit der für den Referenten stets schönen Folge, sein Aufgabengebiet ausdehnen zu können.

Welche Blüten die Rechtsprechung im Hinblick auf die sich ständig ausweitenden Regelungen treibt, zeigt das folgende Beispiel, das wieder aus dem Alltag der Universitäten stammt. Wissenschaftlicher Nachwuchs muß sich den Wind fremder Hochschulen, nach Möglichkeit auch im Ausland, um die Nase wehen lassen. Deshalb ist es guter Brauch, »Hausberufungen«, also die Einsetzung eines an derselben Universität habilitierten Nachwuchswissenschaftlers in ein Professorenamt, nicht zuzulassen. Um die in die wissenschaftliche Laufbahn drängenden Promovierten zu der dafür unerläßlichen Mobilität zu zwingen, erhalten sie heute grundsätzlich nur befristete Anstellungsverträge. Das Hochschulrahmengesetz des Bundes sah früher vor, daß – außer bei den Nachwuchsstellen, die im Haushaltsplan stehen und bei denen die Befristung ausdrücklich angeordnet ist – als Befristungsgrund auch gelten kann, wenn jemand in einem Forschungsprojekt beschäftigt wird, für das keine Haushaltsmittel zur Verfügung stehen und das daher »von Dritten« finanziert wird. Das war eine vernünftige Regelung, weil sie die Universitäten – deren Stellenplan nie ausreicht, um allen wünschbaren wissenschaftlichen Fragestellungen nachgehen zu können – veranlaßt, sich um solche »Drittmittel« zu bemühen. Da auch diese Mittel begrenzt sind, entbrennt um sie ein Wettbewerb, und dies fördert die Leistung. Für die auf »Drittmittelstellen« beschäftigten Nachwuchskräfte eröffnet dies Verfahren die Chance, sich wissenschaftlich zu profilieren. Erfolge in der Forschung lassen sich aber nicht planen. Daher reichen die Fristen, in denen solche Projekte gefördert werden, in aller Regel nicht aus, um einen jungen Forscher bereits im ersten Anlauf so weit zu qualifizieren, daß er zum Professor berufen werden kann. Manchmal ist es erforderlich, drei und mehr Drittmittelprojekte aufeinanderfolgen zu lassen, und häufig steht – auch wenn die Leistungen des Betreffenden eine Berufung nahelegen – eine entsprechende freie Professorenstelle nicht zur Verfügung.

Auf Grund der Arbeitsrechtsprechung zu sogenannten Kettenverträgen sah sich der Gesetzgeber veranlaßt, den »Befristungsgrund Drittmittelprojekt« auf maximal fünf Jahre zu begrenzen. Die Folgen sind gerade für diejenigen, die das Gesetz schützen will, verheerend: Sie sind – sonst bekämen sie keine Drittmittel – besonders gut. Dank der eingeworbenen Drittmittel wäre es der Universität möglich, diese Wissenschaftler weiter anzustellen. Sie darf das aber nicht, wenn die Fünfjahresfrist abgelaufen ist – denn sonst müssen sie auf einer Haushaltsstelle unbefristet beschäftigt werden, was wiederum die Chancen der Jüngeren beseitigt, sich ihrerseits auf Nachwuchsstellen zu qualifizieren, denn diese werden dann ja nicht mehr frei.

Es nützt dem Aspiranten auf eine Drittmittelbeschäftigung überhaupt nichts, wenn er sich schriftlich bereit erklärt, auf eine Daueranstellung zu verzichten und seine Tätigkeit auf die Laufzeit des Drittmittelprojekts zu begrenzen. Derartige Erklärungen behandeln die Arbeitsgerichte als rechtlich völlig unbeachtlich.*

---

* Es müßte einmal geprüft werden, ob darin nicht ein Verstoß gegen Art. 2 Abs. 1 GG liegt. Die durch dieses Grundrecht geschützte Vertragsfreiheit wird jedenfalls durch die Arbeitsrechtsprechung ausgehebelt. Der aus dem römischen Recht stammende,

Die Folge: Keine Universität wagt es, die Anstellung über die Fünfjahresfrist auszudehnen – mit der Konsequenz, daß derjenige, der durch die Rechtsprechung und das Gesetz geschützt werden soll, auf der Straße steht. Auf diese Weise wird er gezwungen, seinen Lebensunterhalt in einem wissenschaftsfremden Beruf zu suchen. Und was er selbst und der Staat in seine Ausbildung investiert haben, geht der Gemeinschaft verloren.

Aber anstatt das Gesetz einfach zu ändern und die erst durch eine Novelle im Jahr 1992 eingefügte Fünfjahresfrist ausdrücklich wieder zu streichen (was ja dann auch die Arbeitsgerichte binden würde), denken einige Wissenschaftsministerien inzwischen darüber nach, ob man das Gesetz nicht verfeinern und einige spezielle Tatbestände einfügen soll, die sich für ältere Mitarbeiter der ehemaligen Akademie der Wissenschaften der DDR bei der für sie vorgesehenen »Integration« in das heutige Wissenschaftssystem ergeben haben. Für einen größeren Teil dieser älteren Wissenschaftler gibt es – trotz ihrer »positiven Evaluation« – keine Planstellen. Sie wurden bis 1996 in Drittmittelprojekten des »Wissenschaftler-Integrationsprogrammes (WIP)« beschäftigt. Als dies 1996 auslief, wurde das »Hochschulsonderprogramm III (HSP III)« beschlossen, das es erlauben würde, diesen Mitarbeitern wiederum befristete Anstellungsverträge zu geben. Die Mittel würden bis zum Ende des Jahres 2000 zur Verfü-

---

auf Ulpian (170–228 n. Chr.) zurückgehende Satz »Volenti non fit iniuria« (»Dem, der es so haben will, geschieht kein Unrecht«)[1] müßte angesichts unserer Arbeitsrechtsprechung auf den Kopf gestellt werden und heute lauten: »Et volenti fit iniuria« (sinngemäß: »Und wenn du es hundertmal so willst, der Staat hat verfügt, daß es Unrecht ist. Er muß dich deshalb vor dir selbst schützen«).

gung stehen. Die Universitäten können ihnen aber nur Verträge bis Oktober 1998 geben, weil dann (Inkrafttreten des Hochschulrahmengesetzes in den neuen Bundesländern am 3. Oktober 1993) die Frist von fünf Jahren abläuft, die das Gesetz für die maximale Befristung von Drittmittelbeschäftigten verbindlich vorschreibt. Hunderte von Bürokraten verbrachten das ganze erste Halbjahr 1997 damit, nach Auswegen zu suchen. Tausende von Beratungsstunden wurden aufgewendet, um eine Lösung zu finden. Da dies nur für eine kleine Minderheit möglich war, können die mit dem Problem befaßten Stellen heute erklären, an ihnen habe es nicht gelegen… Und ein paar hundert qualifizierte Wissenschaftler, die wir zur Stärkung unserer Forschungsleistungen gut brauchen könnten, werden in die Arbeitslosigkeit geschickt – obwohl die Mittel zu ihrer Bezahlung vorhanden sind!

Auch an dieser Stelle liegt das Wuchern des gesetzlichen Dschungels nicht an subjektiven Unzulänglichkeiten der handelnden Beamten. Der Drang, den eigenen Zuständigkeitsbereich auszuweiten, ist eine konsequente Folge der immer undurchsichtiger werdenden Situation: Sozusagen sich selbst verstärkend muß dem zuständigen Gesetzgebungsreferenten daran liegen, im Grenzgebiet zu anderen Ministerien und Referaten zu jagen, weil er nur auf diese Weise einigermaßen sicherstellen kann, daß sein eigenes Gehege wenigstens für ihn selbst übersichtlich bleibt.

Den Vogel hat dabei sicherlich der für die Gentechnik zuständige Referatsleiter des Bundesgesundheitsministeriums Mitte der achtziger Jahre abgeschossen, der ohne

Behinderung durch seine Kollegen aus den anderen betroffenen Bundesressorts und seine Länderkollegen nicht
nur ein umfangreiches Gesetzeswerk, sondern dieses mit
einer Ermächtigung zum Erlaß von 18 (!) weiteren Verordnungen und Verwaltungsvorschriften auf den Weg
gebracht und gegen den Widerstand aller wissenschaftlichen Einrichtungen und der Wirtschaft durchgesetzt hat.
Allein bei den Regierungsbezirken mußten im Anschluß
an den Erlaß dieses Gesetzes ganze Referate zur Bearbeitung der hundertseitigen Antragsformulare, die das
Gesetz mit sich brachte, eingerichtet werden. Der dadurch ausgelöste Abschreckungseffekt hat der deutschen
Volkswirtschaft empfindlich geschadet, ohne daß man in
der Lage wäre, dies zu beziffern. Aber daß sich diese Zu-
kunftstechnologie bisher wegen der Geltung absurder
Vorschriften in Deutschland nicht wie in den anderen
Industriestaaten entwickeln konnte, ist inzwischen auch
der Mehrheit des Bundestages und der Bundesregierung
aufgegangen.

   Die deshalb vorgenommene Liberalisierung ist sicher
ein richtiger Schritt gewesen. Daß die Bundesregierung
nun aber sogar besondere Förderprogramme für die Bio-
technologie auflegen mußte, um nach Möglichkeit den
Anschluß an die internationale Entwicklung wiederzufin-
den, belegt wieder einmal, welche Belastungen die Be-
sessenheit zu perfekten Gesetzen für unsere Zukunft mit
sich bringt.

   Ähnlich hypertroph ist die Situation beim Tierschutz
und der erforderlichen Genehmigung für Tierversuche in
Forschung und Industrie. Anstatt – wie in Großbritannien

praktiziert und von den deutschen Wissenschaftsorganisationen immer wieder vorgeschlagen – eine Art »Führerschein« für Tierversuche vorzusehen, d. h., die Befähigung des Wissenschaftlers zu prüfen, ob er artgerecht und schonend mit den Versuchstieren umgehen kann, und die Einhaltung der Vorschriften über Unterbringung, Narkose und Pflege der Tiere faktisch an Ort und Stelle unangemeldet zu kontrollieren, sind ganze Heere von Beamten und sogenannten Sachverständigen damit beschäftigt, die gesetzlich vorgeschriebenen umfangreichen schriftlichen Erklärungen der Wissenschaftler daraufhin zu überprüfen, ob der jeweils beantragte Versuch aus wissenschaftlichen Gründen erforderlich ist. Damit wurde der Verwaltung eine Aufgabe übertragen, die sie prinzipiell überhaupt nicht erfüllen kann, denn ob ein Experiment sinnvoll ist, erweist sich immer erst hinterher, und oft sind gerade die zunächst wenig aussichtsreich erscheinenden Versuche diejenigen, aus denen die wissenschaftlichen Durchbrüche in Neuland hervorgehen, weil sie auf unkonventionellen Hypothesen beruhen und im Erfolgsfall zu unerwarteten Ergebnissen führen.

Die Verabschiedung des Gesetzes hatte sich monatelang verzögert, weil der federführende Referent, der absurderweise im Bundeslandwirtschafts- und nicht im Wissenschaftsministerium sitzt, erreichen wollte, daß die Wissenschaftler die Notwendigkeit des Versuchs »nachweisen«. Erst nach langen Bemühungen gelang es, den vor allem auf das Geschrei der Tierschutzverbände Rücksicht nehmenden Abgeordneten klarzumachen, daß der Versuch überflüssig wäre, wenn man das Ergebnis schon vorher wüßte. Im Gesetz steht nun, der Sinn des Versuches müsse »glaubhaft dargelegt« werden – eine Formulierung, die den schönsten Streit darüber auslöst, wann dies gelungen ist. Und da nach dem Gesetz hierüber eine Kommission wacht, in der ein Drittel der »Sachverständigen« von den Tierschutzvereinen benannt worden sein muß, kann man sich die Ergebnisse derartiger »Expertenrunden« ausmalen.

In diesem Fall funktionierte das System, durch die Aufnahme eines unbestimmten Rechtsbegriffes in das Gesetz zusätzliche Bürokraten in Arbeit und Brot zu setzen, der Sache nach nur zu Beginn. Vielen der seinerzeit bestallten Beamten, die Bescheide über die Anträge zur Genehmigung von Tierversuchen zu erlassen haben, geht die Arbeit aus: Denn kein Wissenschaftler hat die Zeit, jahrelange Rechtsstreitigkeiten um solche Genehmigungen durchzustehen. Steht er wirklich an der Forschungsfront, hat ein Konkurrent irgendwo in der Welt längst das Ergebnis ermittelt, bevor der deutsche Wissenschaftler nach dem Tierschutzgesetz überhaupt die Genehmigung zum Beginn seines Vorhabens in Händen hält. Also verzichtet die Wissenschaft hierzulande auf wesentliche Gebiete der Forschung.

Die pharmazeutische Industrie hat längst ihre einschlägigen Arbeitsplätze ins Ausland verlegt. Die wirtschaftliche Bedeutung dieses Tatbestandes wird deutlich, wenn man sich vor Augen hält, daß sie mit einem Umsatz von 17 Milliarden Mark am deutschen Außenhandel beteiligt ist. Da sich der Pharma-Markt alle fünf Jahre verdoppelt, wurden durch Verlagerung des Hauptteils der deutschen

Forschungsaktivitäten ins Ausland besonders innovative Arbeitsplätze bei uns vernichtet – vor allem wegen der unsinnigen Restriktionen, denen die Forschung hierzulande ausgesetzt ist.

Das Paradoxe an dieser Situation ist, daß dem Anliegen des Tierschutzes damit ein Bärendienst erwiesen wird. Denn die vom Stand der Wissenschaft her erforderlichen (und die für die Zulassung von Medikamenten und Chemikalien von den Behörden auf Grund gesetzlicher Vorschriften sogar verlangten) Tierversuche fallen ja deshalb nicht aus: Sie werden jetzt in Ländern gemacht, die entweder keine Beschränkungen durch Tierschutzvorschriften kennen oder sie doch so oberflächlich anwenden, daß die Tiere in diesen Ländern sehr viel mehr leiden müssen, als es in Deutschland der Fall wäre. Vor allem der Arbeitsmarkt in den USA, Südafrika und den ostasiatischen Ländern profitiert davon.

Die gesetzliche Regelung der Tierversuchsproblematik schneidet inzwischen die meisten deutschen Forscher vom internationalen Wissenschaftsaustausch ab. Ein Institut mag einen noch so hervorragenden wissenschaftlichen Ruf haben – kein tierexperimentell arbeitender Gast aus dem Ausland verirrt sich mehr für einen Forschungsaufenthalt nach Deutschland: Bis er die Genehmigung für geplante Versuche hätte, wäre sein Forschungsfreisemester längst abgelaufen. Besonders der deutsche Wissenschaftlernachwuchs, der sich Forschungsaufenthalte im Ausland nicht leisten kann, wird auf diese Weise von einem wichtigen Teil der internationalen wissenschaftlichen Methodenentwicklung ausgeschlossen. Nur die wenigen »Groß-Ordinarien«, die es sich leisten können, ihre Experimente in Gastlaboratorien anderer Länder anzustellen, profitieren von der unsinnigen Rechtslage bei uns. Und es kommt hinzu, daß kein Wissenschaftler die Zeit hat, seine Rechte auf diesem Gebiet in jahrelangen Prozessen durchzusetzen; inzwischen liegen ja anderswo längst die einschlägigen Erkenntnisse vor.

Die Folge ist: Obwohl das deutsche Tierschutzgesetz wegen der praktischen Ausgestaltung der Vorschriften über die Genehmigung von Tierversuchen eindeutig gegen Artikel 5 Abs. 3 GG verstößt, geht niemand dagegen an. Und auf diese Weise wird das Grundrecht der Freiheit von Forschung und Lehre auf diesem Teilsektor faktisch beseitigt.

5. Das Beauftragten-Unwesen und die Entstehung immer neuer Ämter

Quis custodiet ipsos custodes?*

Wer heut ein Institut betreibt,
dem wird es nicht viel nützen,
wenn seine Forschung Blüten treibt
und wenn er dicke Bücher schreibt –
erst muß er gründlich schützen!

Er braucht vor allem Personal,
um Sicherheit zu schaffen,
zu seiner und des Haushalts Qual,
im Genlabor, am Terminal,
für Mäuse und für Affen,

Behinderte und Quotenfrau,
im Bodensatz der Datenbank,
im Kühllabor, am Röntgenschrank
muß jemand nach dem Rechten schaun,
sonst werden Bürokraten krank.

O Sicherheit, steh du uns bei,
Knüpf möglichst eng das Netz!
Für jedes Wagnis Polizei!
– Ist Forschung denn bei uns nicht frei?
– Ist das Blabla im Grundgesetz?

P. G.-L.

Gesetzentwürfe, die dem Bundestag zur Beschlußfassung zugeleitet werden, müssen seit den sechziger Jahren auf dem Titelblatt Angaben über mögliche Alternativen zu dem Neuregelungsvorschlag enthalten. Noch in keinem Fall wurde an dieser Stelle vermerkt, daß es eine sinnvolle Alternative sein könnte, auf das

---

* Juvenal, Saturae 6, 347 f.: »Wer aber bewacht die Wächter ihrerseits?« – oder, modern übersetzt: »Wer schützt uns vor den Schützern?«

Gesetz zu verzichten, wie es sich nach unserer Auffassung in den allermeisten Fällen empfehlen würde. Außerdem werden Angaben darüber verlangt, welche Kosten die Neuregelung auslösen wird. In fast allen Fällen steht dort die lapidare Aussage: »Keine«. Das kann natürlich daran liegen, daß die Gesetzesverfasser nur dann die Notwendigkeit von Aufwendungen einzuräumen bereit sind, wenn diese sich konkret in Mark und Pfennig ausdrücken lassen oder wenn sie unmittelbare Staatsausgaben nach sich ziehen. Von den durch neue Gesetze indirekt verursachten Belastungen ist jedenfalls in keinem Fall die Rede. Angesichts eines Bundeshaushalts von rund 470 Milliarden Mark sieht es auch so aus, als könne man die Ausgaben, die etwa durch den Gesetzesauftrag, in jedem einschlägig tätigen Forschungsinstitut einen Beauftragten für die biologische Sicherheit zu bestellen, vernachlässigen: Selbst wenn er zur Erledigung der damit verbundenen Aufgaben 20 Arbeitsstunden im Monat investieren muß, scheinen die daraus zu errechnenden Kosten angesichts der Bedeutung der Aufgabe gerechtfertigt zu sein. Aber einmal davon abgesehen, daß sich der Belastungseffekt wegen der Vielzahl der Einrichtungen, die ein solches Amt schaffen und Mitarbeiter dafür freistellen müssen, multipliziert, ist es mit dem genannten Aufwand ja nicht getan.

Denn die unmittelbar im Zusammenhang mit dem Arbeitsaufwand des Beauftragten entstehenden Kosten geben ja keineswegs die tatsächlichen Auswirkungen wieder. Da er jederzeit zu dem Nachweis in der Lage sein muß, daß alle erforderlichen Sicherheitsmaßnahmen getroffen worden sind, führt er vor allem Akten – und läßt von den anderen Mitarbeitern des Instituts Papiere beschreiben. Ein Großteil der Wirkungen, die der Beauftragte somit auslöst, bestehen in nichts anderem als der Erledigung zusätzlicher bürokratischer Aufgaben, die nicht anfielen, wenn man keinen Beauftragten bestellt hätte.

Die über die Kostenverursachung hinaus viel bedenklichere Wirkung der Beauftragtenbestellung besteht aber darin, daß nun der eigentlich verantwortliche Institutschef oder auch der jeweils handelnde Wissenschaftler selbst sich von Verantwortung freigestellt sieht: »Dafür haben wir ja unseren Sicherheitsbeauftragten.« Und in der Tat: Wenn die Institutsleitung den (jeweils vorgeschriebenen) Beauftragten nur formal korrekt bestellt hat, kann sie sich im Schadensfall »exkulpieren«, d. h., sie wird bei Unglücksfällen von Verantwortung freigestellt. Der Beauftragte seinerseits muß natürlich alles tun, um bei den ja nie auszuschließenden Schadensereignissen nicht verantwortlich gewesen zu sein. Folglich verhält er sich am besten so restriktiv wie möglich. Dann kann man auch ihn nicht haftbar machen. Was das an kleinlichem Gezänk, wissenschaftlicher Resignation und damit wirtschaftlichen Verlusten mit sich bringt, ist – wie die bereits dargestellten Wirkungen bürokratischer Einmischung in die materiale Aufgabenbewältigung der öffentlichen Hand – auch in diesem Fall nicht meßbar, wird aber langfristig bereits mehr als deutlich: Die besonders innovative Industrie reagiert darauf, indem sie ihre Forschung und ihre intelligenten Arbeitsplätze ins Ausland verlegt. Vornehmlich die chemische Industrie beklagt Behinderungen dieser Art. So hat die BASF 1995 mitgeteilt, daß Anträge zur Genehmigung von Investitionen und Produktionsanlagen in Deutschland gar nicht mehr gestellt würden, weil es zu unsicher sei, ob die deutschen Behörden überhaupt noch grünes Licht gäben. Und wenn, dann erhalte man die Genehmigung erst, wenn eine vorsorglich zum gleichen Zeitpunkt im Ausland zur Genehmigung angemeldete völlig identische Anlage längst produziere.

Weil sich aber alle der Sache nach Verantwortlichen – die notwendigerweise von den Gefahren, die von einer Situation ausgehen, mehr verstehen – hinter dem Beauftragten verstecken können, nimmt die tatsächliche Sicherheit überall da, wo der Beauftragte wegen der Erledigung seiner bürokratischen Pflichten nicht mehr selbst an den materialen Aufgaben mitarbeitet, de facto sogar ab. Beauftragte gibt es inzwischen neben dem erwähnten für die biologische Sicherheit auch für Tierschutz, Strahlensicherheit, Umweltschutz, Datenschutz, Behinderte, Gleichstellungsfragen, Ausländer, Geheimnisschutz und viele andere Aufgaben.

Versucht man, die Gründe für das Entstehen immer neuer Ämter noch allgemeiner zu verstehen, kann man mit Konrad Adam sagen, erster Zweck demokratischer Herrschaft sei in Deutschland Betreuung, wofür sich nichts besser eigne als die öffentliche Verwaltung: »Ihr zunehmendes Gewicht entspricht den wachsenden Anforderungen, denen sich die Regierung durch die Akquisition von immer neuen Zuständigkeiten ausgesetzt hat.

Wo immer neue Aufgaben entstehen, wird auch ein neues Amt gegründet. (...) Wie der lenäischen Schlange wachsen der Bürokratie für jeden abgeschlagenen Kopf zwei neue.«[2]

6. Das Typische am öffentlichen Dienst oder Was ist eigentlich »bürokratisches Verhalten«?

> Der Verkehr mit den Behörden vollzieht sich in freund-
> schaftlichen Formen, da keiner der obrigkeitlichen Beam-
> ten überheblich oder barsch ist: Sie heißen Väter und
> bewähren sich als solche.
>
> THOMAS MORUS, UTOPIA

Der Begriff »Bürokratie« ist an sich wert-
frei und eine Kurzformel für die »staatliche Verwaltung«.
Nach der gängigen Definition, die auf Ernst Forsthoff
zurückgeht, ist darunter die Tätigkeit des Staates zu verstehen, die er zur Erfüllung seiner Zwecke ausübt.

Wer aber langwieriges, unfreundliches, umständliches
und wenig effizientes Vorgehen kritisieren will, spricht
von »bürokratischem Verhalten«, und Politiker gefallen
sich bei besonderen Schadensfällen nach Naturkatastro-
phen darin, »unbürokratische Hilfe« zu versprechen. Wie
kommt es eigentlich, daß die Bürokratie einen so schlechten Ruf hat, und warum sind sich alle darin einig, daß ihre
Verfahrensweisen in besonderer Weise kritikwürdig sind,
weil solches Verhalten offenbar weite Bereiche des öffentlichen Dienstes prägt?

Die Wurzeln der Bürokratie gehen bis auf Friedrich Bar-
barossa zurück, der die Stärkung der kaiserlichen Macht
im Heiligen Römischen Reich durch den systematischen
Ausbau der hauptberuflich für ihn tätigen »Dienstman-
nen« gegen die zwar von ihm »belehnten«, aber auf Siche-

rung der eigenen Macht bedachten Träger der hoheitlichen Gewalt durchsetzte. Seine erste Blüte erlebte der öffentliche Dienst dann im Spätabsolutismus. Als sich Friedrich II. von Preußen selbst als »erster Diener« des Staates bezeichnete, wollte er damit nicht nur die hierarchische Struktur der Staatsverwaltung ausdrücken, sondern vor allem deren ethische Verpflichtung gegenüber dem Gemeinwohl betonen. Nach diesem Verständnis der Stellung des öffentlichen Dienstes war es nur folgerichtig, dem einzelnen Beamten die Prüfungsbefugnis darüber zu entziehen, welche Maßnahme dem öffentlichen Wohl am besten zu dienen geeignet sei. Im Gegenteil vertrug sich diese Auffassung mit dem absolutistischen Verständnis der Monarchie deshalb so gut, weil der König dafür das Definitionsmonopol besaß. Die Prüfungskompetenz, ob eine Maßnahme im Sinne der vorgegebenen Ziele liegt, wurde dem Beamten deshalb ausdrücklich abgesprochen.

Die strikte Unterordnung unter die jeweiligen Vorgaben der Vorgesetzten, das Frageverbot nach der Zweckmäßigkeit einer Anordnung und daher die völlige Gleichgültigkeit gegenüber den Konsequenzen des eigenen Tuns, solange es nur den Vorschriften entspricht oder doch wenigstens von ihnen gedeckt ist, haben sich in der Zeit seit der Etablierung des Berufsbeamtentums ständig weiter verfestigt. Das gilt übrigens auch für die ihm organisationsrechtlich völlig gleichgestellten sonstigen Angehörigen des öffentlichen Dienstes, da auch die Angestellten und Arbeiter auf Grund der Tarifverträge und der Arbeitsrechtssprechung nicht einmal mehr das Arbeitsplatzrisiko trifft (sie sind von wenigen Ausnahmetatbeständen abgesehen unkündbar und daher den Beamten faktisch gleichgestellt). Deshalb stellt der von großen Teilen der Politik geführte Kampf gegen die Stellung der Beamten ein klassisches Beispiel für verbale Kraftmeierei dar, der kein reales politisches Ziel ist.

Die Tendenz zu bürokratisch verfaßten Entscheidungsstrukturen hat in unserem Jahrhundert auch die Großorganisationen des gesellschaftlichen und des wirtschaftlichen Lebens erfaßt. Die sich ständig komplizierenden Lebensverhältnisse und vor allem die Undurchsichtigkeit der technischen Systeme sowie die Gefährdungen, die von ihnen ausgehen, haben die Berufstätigkeit generell weitgehend auf eine formale Pflichterfüllung begrenzt und die eigenverantwortliche Aufgabenerledigung praktisch beseitigt.

Daß dieser Prozeß durch einen verhängnisvollen Irrweg der deutschen Geistesgeschichte noch verstärkt wurde, soll hier nur am Rande erwähnt werden: Die Führungsschicht Deutschlands hatte angesichts der gegen Ende des 18. Jahrhunderts sich abzeichnenden industriellen Arbeitswelt versucht – darin der Weltsicht Goethes folgend –, das erzieherische Geschehen aus dem »eigentlichen Leben« zu verdrängen und in eine »pädagogische Provinz« zu verlagern, in der junge Menschen von den Niederungen des Alltags isoliert heranwachsen und sich bilden sollten. Dies mußte den Trend zur Sinnentleerung der arbeitsteiligen Berufstätigkeit dramatisch verstärken und dazu beitragen, den Sinn des Daseins in einem »höheren, geistigen Anliegen vorbehaltenen eigentlichen Leben« außerhalb der Arbeitswelt zu suchen. (Es gehört zu den Paradoxien der deutschen Entwicklung, daß ausgerechnet der »Idealist« Friedrich Schiller in seinen »Briefen über die ästhetische Erziehung des Menschen« die wesentlich sachgerechtere Gegenposition zu Goethe vertreten hatte: Seine Forderung, die arbeitsteilige Welt anzuerkennen und sie bewußt zu gestalten, blieb zu seiner Zeit ohne jedes Echo. Statt dessen blicken die sogenannten gebildeten Kreise mit ihrem ausschließlich die literarische und musische Sphäre anerkennenden Dünkel bis in unsere Tage auf die technische Welt herab und kokettieren nach wie vor mit ihrer mangelhaften mathematisch-naturwissenschaftlichen Bildung, obwohl sie ohne deren Leistungen keine Sekunde lang ihr behagliches Dasein genießen könnten.)

Mentalitätsfragen oder Was prägt den Inspektor?

Dies sind aber nur einige Gründe dafür, wie »bürokratisches Verhalten« entsteht. Warum ist es gerade nach den Erfahrungen der nationalsozialistischen Diktatur weiterhin möglich, daß »Kadavergehorsam« nicht obsolet geworden ist? Wie kommt es, daß nicht alle Bürger, daß nicht jede politische Partei, daß die Interessenverbände und Berufsgruppen, daß aber besonders die dem Gemeinwohl verpflichteten Angehörigen des öffentlichen Dienstes sich nicht gegenseitig darin zu übertreffen suchen, sich als diejenigen zu erweisen, die die höchsten Staatsziele – nämlich Freiheit und Wohlfahrt aller – mit Zähnen und Klauen gegen jeden Angriff verteidigen? Statt dessen suchen alle Verantwortlichen sofort das Heil in der

Schaffung neuer Ämter, wenn irgendein Bereich in Staat und Gesellschaft nicht so funktioniert, wie man das erwarten müßte.

Kosteten sie nicht soviel, könnte man sich über all die »Bundes«- und »Landeszentralen« für politische Bildung, Einbruchsicherung und gesundheitliche Aufklärung lustig machen. Aber nicht nur, daß in der Einrichtung dieser Behörden zum Ausdruck kommt, daß die Politik den mündigen Staatsbürger zur Wahrnehmung seiner Interessen für zu dumm hält, so daß man ihn amtlich zu betreuen hat – diese Ämter bewirken ja auch nichts. Außer dem Bedrucken von Papier haben doch z. B. die Einrichtungen zur politischen Bildung in diesem Lande noch nichts geleistet. Sie sollen – seit Gründung der Bundesrepublik – dem politischen Extremismus entgegenwirken. Aber sie haben weder den Linksterrorismus der siebziger Jahre noch den derzeit grassierenden Rechtsextremismus verhindert. Sie machen höchstens den Schulbuchverlagen unlautere Konkurrenz, da sie für die Qualität ihrer Produkte nicht haften müssen. Bei der Bundeszentrale für politische Bildung kommt hinzu, daß der Bund damit die Zuständigkeitsregeln des Grundgesetzes verletzt, weil die Fragen der Bildung nun einmal den Ländern zu alleiniger Erledigung zugewiesen sind. Und mehr oder weniger witzige Reklame für Kondome ist wohl auch eher Aufgabe der einschlägigen Industrie als des Staates.

Antwort auf die Frage, warum es keinen Wettlauf um die jeweils vernünftigste Lösung solcher Probleme gibt, warum die sture Anwendung von Vorschriften nicht aufhört – gleichgültig, was das konkret für Folgen hat –, gibt vielleicht das folgende, tatsächlich geführte Gespräch. Amtmann zum Verwaltungslehrling an dessen erstem Arbeitstag: »Hier haben Sie einen Stapel Karteikarten. Auf beiden Seiten sind am oberen Rand die Zahlen 1 bis 31 aufgedruckt. Auf der Vorderseite streichen Sie jetzt bitte die geraden und auf der Rückseite die ungeraden Zahlen.« – »Und warum machen wir das?« – »Das ist egal. Das machen wir immer so!«

In der Tat: Die meisten Mitarbeiter des gehobenen Dienstes (vom »Sekretär« über den »Inspektor« bis zum »Amtmann«) interessiert nur wenig, warum sie etwas tun oder zu tun haben. Es gibt Vorschriften. Die gilt es einzuhalten. Es kommt nicht darauf an, wozu diese Vorschriften da sind. Diese Haltung bekommen sie von der ersten Stunde ihrer Ausbildung an eingebleut. Folgerichtig spielt die Frage nach dem Sinn ihrer Entscheidungen überhaupt keine Rolle.

Dabei muß nicht jede auf solchem Denken beruhende Aktion immer blutig ernst genommen werden. Eine zur Erheiterung Anlaß bietende »Beanstandung« aus jüngster Zeit kann dies einmal illustrieren. Im Oktober 1996 ging bei der Universität Leipzig ein Schreiben ein, dessen wesentlicher Inhalt lautete: »Im Ergebnis der Prüfung des Verwendungsnachweises … wurde festgestellt, daß … Beträge in Pfennigen ausgebracht sind. Tatsächlich wurde jedoch … der Umwidmung mit gerundeten Beträgen zugestimmt. Weitere Beanstandungen zum Verwendungsnachweis und zum Prüfungsbericht gibt es nicht.« Auch wenn man nichts wirklich Ernstes zu beanstanden hat, muß man seinen Senf dazugeben! Und niemand merkt, wie lächerlich sich eine Behörde mit derartigen Äußerungen macht.

Umfassende Kenntnis der Regeln des eigenen Zuständigkeitsbereichs, spitzfindige Ermittlung von Gründen, die es ermöglichen, gegen einen Antrag zu entscheiden – ja nichts zugestehen, es könnte sich ja ein Präzedenzfall daraus ergeben! –, das allein garantiert Beförderungschancen. Denn wer beurteilt das Verhalten dieser Mitarbeiter? Wiederum ein genauso ausgebildeter, aus den gleichen Gründen »beförderter«, in gleicher Weise wie er sozialisierter Beamter, der an seinen eigenen Erfahrungen mißt, was der Nachwuchs leistet. Und wenn einem solchen »Fachmann« ein Beamter des höheren Dienstes oder gar ein frei praktizierender Volljurist einmal klarzumachen versucht, daß der Sinn einer Vorschrift eine völlig andere Entscheidung nahelegt, dann wird der Inspektor auf Grund seiner viel genaueren Kenntnis der fraglichen Spezialmaterie leicht beweisen, daß die Auffassung seines Gegenübers falsch ist. Er wird zumindest aber innerlich von der Richtigkeit seines Standpunktes überzeugt bleiben und, was schlimmer ist, unbegreiflich finden, daß sein Widerpart eine deutlich bessere Position einnimmt und infolgedessen auch mehr verdient als er selbst, wo er diesen doch, was z. B. die feinen Verästelungen des Reisekostenrechts angeht, spielend in die Tasche steckt. Der Verdruß, dem man auf vielen Ämtern auch hinter dem Tresen begegnet, hat auch hierin einen Grund.

Nun wäre das alles ja gar nicht so schlimm, wenn die so ausgebildeten und in ihrem Verhalten so geprägten

Bediensteten eben für bestimmte Gebiete – etwa das sorgfältige Führen von Verzeichnissen auf dem Standesamt,
beim Registergericht oder für die Kontrolle der Einhaltung
von Vorschriften über den Zahlungsverkehr – verantwortlich wären, die große Menge der Verwaltungsaufgaben
aber anderen, die Ziele ihres Handelns im Blick behalten-
den Beamten übertragen wäre.

Das aber ist eben nicht der Fall. Das Rückgrat der Verwaltung ist der »Sachbearbeiter«, genau jener »Inspektor«
mit der geschilderten Ausbildung und der beschriebenen
Prägung. Denn alle Gesetze werden in unserem Land auf
dieser Ebene der Verwaltung »vollzogen«, weshalb es ja
auch nur folgerichtig ist, wenn der Bescheid über den
Antrag eines Bürgers als Bezugsstichwort nicht die
Angabe enthält: »Betrifft Ihr Baugesuch«, sondern dort
steht: »Betreff: Vollzug des Bundesbaugesetzes«. Die
Frage, ob das Gesetz für den Bürger oder der Bürger für
das Gesetz da ist, ist damit definitiv entschieden. Dabei
trifft diese Aussage noch gar nicht einmal den Kern des
Problems. Viel wichtiger ist es ja, daß es jemanden gibt,
der den »Vollzug des Gesetzes« in die Hand nimmt! Und
das ist der Inspektor.

Der Begriff Inspektor (»Beschauer«, »Prüfer«, »Aufse-
her«) stammt aus der preußischen Militärverwaltung und
wurde im Gefolge der Übernahme ausgedienter Unter-
offiziere in die allgemeine Staatsverwaltung mit über-
nommen. Das allein sollte ein Grund sein, diesen Titel
baldmöglichst durch eine Bezeichnung zu ersetzen, die
ziviles Verwaltungshandeln treffender kennzeichnet. In
der Verwaltungshierarchie der Bundesrepublik gehört

der Inspektor zum »gehobenen Dienst« und befindet sich in der Besoldungsgruppe A 11 des Bundesbesoldungsgesetzes. Diese Stufe erreicht er im Normalfall im 12. Dienstjahr. Aufstiegsmöglichkeiten hat er dann in der Regel nur, wenn er besonders gute Leistungen – natürlich im Sinne der Eingrenzung auf seinen Zuständigkeitsbereich – erbringt. Denn die Zahl der höheren Positionen im gehobenen Dienst ist (noch) deutlich kleiner als auf der unteren Ebene (dieser Tatbestand ist gemeint, wenn im öffentlichen Dienst vom »Stellenkegel« die Rede ist). Die Folge: entweder besonderes Strebertum in dieser Richtung, häufig mit der Konsequenz extrem sturen Festhaltens an den Buchstaben der Vorschriften, oder – im Falle der Resignation, was das eigene Weiterkommen betrifft – lustlose Erfüllung der Pflichten. Die »Kunden« beider Inspektoren-Typen baden es aus.

Diese Situation hat sich noch dadurch verschlimmert, daß das Anliegen des »Inspektorenstandes«, in den »höheren Dienst« – der an sich dem akademisch ausgebildeten Verwaltungspersonal vorbehalten ist – aufsteigen zu können, erfolgreich war. Besonders befähigte Amtmänner, die in manchen Fällen einzelne Gesetzesmaterien wirklich frappant beherrschen, können so im Wege des »Bewährungsaufstiegs« in den höheren Dienst überwechseln, also in Ämter befördert werden, die an sich ein Studium und eine zusätzliche Verwaltungsausbildung voraussetzen. Das ist in vielen Fällen gut und richtig, befördert aber in ebenso vielen Fällen auch das kleinliche Zuständigkeitsdenken auf die höhere Ebene der Verwal-

tung, auf der die Ziele des Verwaltungshandelns abge-
steckt und durchgesetzt werden sollen.

Zweifellos bedeutet die Erfindung und Durchsetzung
von klar abgegrenzten Zuständigkeitsbereichen einen der
wichtigsten Schritte zur Entwicklung moderner Verwaltungen. Die sich aus dem allzuständigen Priestertum ent-
wickelnde Aufteilung in geistliches (Priester-) und weltli-
ches (Königs-)Amt, die sich weiter aus dem Königsamt
abspaltende Richterfunktion und die heute geltende
strikte Aufteilung der Zuständigkeiten waren Schritte auf
dem Weg zum freiheitsverbürgenden Rechtsstaat, die
man nicht rückgängig machen darf. Was dabei herauskommt, wenn man es doch tut, haben zu unser aller Schaden sowohl der Nationalsozialismus als auch der internationale Sozialismus gezeigt.

Hier wird nicht die Abgrenzung von Zuständigkeitsbereichen, sondern etwas anderes kritisiert: die mangelhafte
Fähigkeit des in unserem Verwaltungsapparat großgewor-
denen »gehobenen Personals«, einen Blick auf die Folgen
seines Handelns außerhalb des eigenen Zuständigkeitsbereichs zu werfen.

In den neuen Bundesländern verschärft sich das Problem noch dadurch, daß Beamte des gehobenen Dienstes
aus den alten Bundesländern die Chance erhielten, den
Sprung in den höheren Dienst ohne lange Wartezeiten zu
schaffen. Das war in der Hoheitsverwaltung sogar ausgesprochen wünschenswert, nämlich überall dort, wo die
Neigung des aus DDR-Behörden übernommenen Personals zu »operativen Entscheidungen« in Konflikt mit
rechtsstaatlichen Anforderungen geriet. Der Begriff »ope-

rative Entscheidungen« ist ein typischer Ausdruck aus dem DDR-Jargon. Es wird damit gesagt, man handelt nicht planvoll und unter Beachtung der Vorschriften, sondern entscheidet »freihändig« aus der Situation heraus. Das war in der Mangelwirtschaft der DDR häufig die einzige Möglichkeit, mit Krisen fertig zu werden und die vorgegebenen Planziffern zu erfüllen. Angesichts der Notwendigkeit, die marode Infrastruktur in den neuen Bundesländern schnell den nun geltenden westlichen Normen und technischen Regelwerken anzupassen, obgleich die erforderlichen Finanzmittel nicht sofort zur Verfügung stehen, muß dieses Verfahren auf absehbare Zeit auch immer wieder dann geübt werden, wenn sonst alles zusammenbrechen würde. Beamte, die solches zulassen, riskieren natürlich Kopf und Kragen. Es wäre wünschenswert, wenigstens in bestimmtem Umfang und vielleicht auch befristet, die Behördenleiter zu ermächtigen, von der Einhaltung bestimmter Vorschriften abweichen zu dürfen.

Gesetze hatten in der DDR nicht die Bindungswirkung wie im Westen. Direkte Anordnungen von Vorgesetzten, die in aller Regel mündlich (!) erteilt wurden, oder Beschlüsse der Partei hatten eine weit größere Verpflichtungskraft für die Verwaltung. Auf Gesetze berief man sich nur dann, wenn etwas schiefgegangen war. Dann war es hilfreich, zur eigenen Rechtfertigung oder zum Abschieben der Schuld auf ein Gesetz verweisen zu können. Damit Schluß zu machen und die unverbrüchliche Geltung der Gesetze durchzusetzen – das war und ist eine Aufgabe, die vor allem Inspektoren zu leisten in der Lage sind. Und wenn sie diese Aufgabe ranghöher, also in Ämtern des höheren Dienstes erledigen, bis der erforderliche akademisch ausgebildete Nachwuchs zur Verfügung steht, hat das vorübergehend auch sein Gutes.

Wo der Staat aber sein eigenes, nach innen gerichtetes wirtschaftliches Verhalten steuern muß oder wo staatliche Dienstleistungen monopolistisch auf den Markt einwirken – wie in großen Bereichen der Krankenversorgung oder in der Ausbildung für akademische Berufe –, sind Übersicht und Folgedenken notwendig. Das Zuständigkeitsdenken führt an diesen Stellen zur Betonierung der Verhältnisse, aus der schließlich nur die revolutionäre Eruption – mit all ihren unkalkulierbaren Folgen – befreien kann. Angesichts vieler Erfahrungen in dieser Richtung könnte man geneigt sein, nur noch einen solchen Ausbruch aus der verkrusteten Staats- und Gesellschaftsstruktur der westlichen Zivilisationen für möglich zu halten. Kurt Biedenkopf konstatiert in seinem 1994 veröffentlichten Aufsatz »Komplexität und Kompliziertheit« »Symptome der Unregierbarkeit«, die sich aus dem komplexen Gesellschaftsgefüge ergeben. Er sieht einen Ausweg nur in einer »intelligenteren Organisation dieser Komplexität«. In der Vorlesung, die er unter Verwendung dieses Manuskripts am 30. Juni 1993 in der Universität Leipzig hielt, hatte er hinzugefügt, daß – falls dies nicht gelänge – nur die Revolution bliebe.[3]

Allerdings bringt uns Fatalismus auch nicht weiter: Entweder wir sind in der Lage, unser Geschick selbst in die Hand zu nehmen und zu gestalten, oder wir sollten aufhören, von Verantwortung für diese Bereiche zu sprechen.

Was uns leiten kann, ist der Stiftungsgedanke, den der bayerische König Maximilian I. Joseph im Jahr 1806 bei der Schaffung des militärischen Max-Josephs-Ordens hatte: Danach wurde ein Soldat mit dem persönlichen – das heißt nicht vererblichen – Adelstitel »Ritter von« ausgezeichnet, wenn er unter Verstoß gegen einen ausdrücklichen Befehl eine sinnvolle Tat (!) vollbracht hatte, durch die z. B. Menschenleben gerettet wurden.[4]

Dies zu erwähnen, besteht nicht nur deshalb Anlaß, weil es zeigt, daß die deutschen militärischen Traditionen keineswegs auf formalen Gehorsamsforderungen beruhen, wie Kleist sie in »Prinz Friedrich von Homburg« darstellt, sondern daß es demgegenüber bereits im 19. Jahrhundert auch den (positiv-rechtlich!) legalisierten Appell an die außermenschliche Rechtsinstanz gab, d. h. die Berufung auf die dem Staat vorgegebene Ordnung der Grundrechte, die der Staat nicht gnädig gewährt, sondern die auch ihn und seine Repräsentanten binden und sogar den Gesetzgeber verpflichten. Im übrigen trifft die übliche Verzeichnung des preußischen Beamtenethos als »Kadavergehorsam« überhaupt nicht zu. Gewiß hat Kleists Stück diesen Schluß gefördert. Aber bereits die nüchterne Darstellung der Biographie des historischen Prinzen von Homburg läßt für den in dem Drama dargestellten Konflikt zwischen positivem Recht und objektiver Staatsräson keinen Raum. Und wer die Geschichte der innenpolitischen Konflikte Preußens in den für seine Zukunft so entscheidenden Jahren nach Jena und Auerstedt – also in der Zeit von 1807 bis 1812 – betrachtet, muß erkennen, daß es Militärs wie Gneisenau, Scharnhorst und Clausewitz, aber auch zivile Beamte wie der Freiherr vom Stein waren, die sich unter Bruch ihrer Loyalität gegenüber dem Monarchen um der höheren Staatsräson willen über ihre positiv-rechtlichen Pflichten hinwegsetzten.

Damit soll nicht in eine Erörterung der Frage eingetreten werden, ob die genannten preußischen Staatsdiener Verfechter oder Vorläufer eines demokratischen, an vorstaatliche Grundrechte der Bürger gebundenen Staatswesens waren. Worauf es hier ankommt, ist, den Mythos zu zerstören, der Beamte müsse in Deutschland schon wegen der Entstehung der »hergebrachten Grundsätze des Berufsbeamtentums«, wie sie Artikel 33 des Bonner Grundgesetzes festschreibt, grundsätzlich immer ein kritikloser Vollstrecker positiv-rechtlicher Normen sein. Dies zugrunde zu legen, besteht ebensowenig Anlaß, wie zu der daraus immer wieder auch von klugen Politikern, wie dem ehemaligen Stuttgarter Oberbürgermeister Manfred Rommel, abgeleiteten Forderung, den erwähnten Grundgesetzartikel zu ändern. Allerdings – und das macht die Sache fatal – wird es sehr schwer fallen, die Staatsdiener künftig so auszubilden, daß sie bereit und in der Lage sind, persönliche Verantwortung über die positiv-rechtlichen Normen hinaus zu tragen. Und darum wird es nicht ausbleiben können, daß die Pflicht zur Überprüfung des Verwaltungshandelns – ob es den übergeordneten Rechtsprinzipien der Verfassung entspricht – dem einzelnen, jeweils zuständigen Beamten positiv-rechtlich vorgeschrieben wird.

So klug und vorbildlich der bayerische König Maximilian auch war – solch königlich verordneten Mutes bedürfen wir heutzutage gar nicht, um auf den ersten Blick unsinnig erscheinende Ergebnisse von Vorschriften vermeiden zu können. Unser im wahrsten Sinne des Wortes »ausgeklügeltes« System des Staats- und Verwaltungsrechts gibt immer eine Handhabe zu vernünftigen Entscheidungen: Letztlich muß sich ja jede Vorschrift und jedes Verwaltungshandeln an den Grundentscheidungen der Verfassung messen lassen, und spätestens bei einer derartigen Überprüfung könnte grober Unsinn ausgemerzt werden.

Allerdings setzt dies den Verwaltungsfachmann mit Übersicht voraus, der die Werte, nach denen er handelt, verinnerlicht hat, dem es gegen den Strich geht, ein Ergebnis vertreten zu müssen, von dessen Fragwürdigkeit er überzeugt ist. Wer hätte statt dessen nicht schon den achselzuckenden Beamten erlebt, der mit großer persönlicher Gleichgültigkeit ein Bürgerbegehren unter Hinweis darauf, daß die Vorschriften nun einmal so seien, ablehnt!

Die geforderte Haltung können aber »Verwalter« nicht entwickeln, denen bereits am ersten Tag ihrer Ausbildung eingeschärft wird, sie hätten über den Sinn ihres Tuns nicht nachzudenken.* Man wird solche »Funktionierer« sicher auch in Zukunft brauchen, dort nämlich, wo es um das Zuverlässig-Mechanische geht. Aber solche Leistun-

---

* Die Behörden in den neuen Bundesländern bemühen sich seit einiger Zeit, die »Seiteneinsteiger«, also aus der Verwaltung der DDR übernommenes Personal, durch spezielle Kurse, in denen das hier kritisierte Inspektorenverhalten explizit trainiert wird, in die Traditionen westdeutscher Inspektorenmentalität einzuführen. Dies bewirkt, daß sich sogar hier, wo kein Zwang dazu besteht, der gesunde Menschenverstand zu verabschieden und dem höchst anfechtbaren Kästchendenken Platz zu machen hat. Damit vertun die neuen Bundesländer eine große Chance, die ihnen einen wichtigen strukturellen Vorsprung verschaffen würde. Als Folge davon schwindet die anfangs so positiv berührende Bereitschaft der Ämter, auf die Sorgen der Antragsteller einzugehen, inzwischen bereits merklich.

gen werden uns ja bereits heute zunehmend von der Informationstechnik abgenommen. Der Anteil der mechanisch-routiniert zu erledigenden Staatsaufgaben wird daher weiter zurückgehen und staatliches Verwaltungspersonal erfordern, das in der Lage ist auszumachen, ob eine Entscheidung wirklich dem Gesetzeszweck entspricht. Wenn wir aus der heutigen Misere herauswollen, muß es vor allem darum gehen, solche Staatsbediensteten auszubilden.

Ein Verwaltungsmitarbeiter mit dem hier geforderten Selbstverständnis wird aber auch wieder Freude an seinem Beruf entwickeln können. Er wird auf die Antragsteller mit der Bereitschaft zugehen, ihnen helfen zu wollen, ihre Probleme zu lösen. Die auf diese Weise behandelten Kunden werden die Dienste einer so agierenden Verwaltung mit ganz anderer Offenheit in Anspruch nehmen. Und es werden beide Seiten davon profitieren. Nur das kann im Interesse des Staates liegen.

Der Grund für fehlende Hilfsbereitschaft, für knappe und unwirsche Auskünfte auf den Ämtern liegt in aller Regel nicht in den handelnden Personen. Dies alles wird, wie gesagt, vielmehr vom Geist der Ausbildung unserer Staatsdiener, den unausgesprochenen Maximen unseres Verwaltungsrechts und den Verfahren richterlicher Verwaltungskontrolle geradezu erzwungen: Wer in einem öffentlichen Amt mehr zu geben bereit ist, als seine eng umgrenzten Zuständigkeiten erlauben – etwa dadurch, daß er förderliche Ratschläge für das Verhalten bei anderen Behörden erteilt –, setzt sich der Gefahr von Kritik aus, wenn der erteilte Rat oder der Hinweis auf das richtige

Antragsverhalten mit anderen Vorschriften kollidiert. Angesichts der Unübersichtlichkeit des Normengefüges und der Behördenstruktur tut jeder öffentlich Bedienstete daher gut daran, sich auf sein enges Fachgebiet zu beschränken und nicht in fremden Zuständigkeiten zu grasen. Das gilt aber nicht nur im Bereich der engeren Hoheitsverwaltung, wo sich z. B. das Ausländeramt sehr hüten wird, über Dinge Auskunft zu erteilen, die in die Zuständigkeit des Sozialamtes fallen. Wie aber soll ein Ausländer oder sein einheimischer Betreuer, der die Zuständigkeitsregeln und Verfahrensweisen dieser Ämter nicht kennt, von einer solchen strikten Trennung etwas wissen?

Die Forderung nach mehr Effizienz in der Verwaltung

Was sich derzeit im öffentlichen Dienst abspielt, ist aber nicht nur kein Beitrag zur Rationalisierung unserer politischen oder sozialen Ordnung. (Man möchte sich geradezu schämen, die folgenden Plattheiten auszusprechen, aber angesichts des Niveaus unserer öffentlichen Debatten über diese Frage bleibt nichts anderes übrig: *Jede Erhöhung der Produktivität nützt allen Verbrauchern, unabhängig davon, ob dadurch Arbeitsplätze in den betroffenen Bereichen wegfallen; jede Erleichterung, die das Arbeitsleben erfährt, nützt letztlich immer der Gesamtheit.*) Der sinnlos beschäftigte öffentliche Dienst dagegen vermindert die Wertschöpfungsrate nicht nur durch seine eigene Existenz, sondern zusätzlich durch immer neue, die Produktivität außerhalb der Verwaltung behindernde Eingriffe. Wegen der komplizierten Abläufe bemerken wir diesen Effekt überhaupt nicht mehr. Das sich damit verbindende faktische Schmarotzertum, das sich selbst keineswegs so empfindet, sondern mit bestem Gewissen agiert, muß aber endlich öffentlich angeprangert und so schnell wie möglich seiner Grundlage entzogen werden.

Das wollen natürlich alle politischen Kräfte. Aber anstatt die Probleme an der geschilderten Wurzel – nämlich der unsinnigen und auf ständig weitere Aufblähung hin angelegten Staatsbetätigung – anzupacken, fällt der Politik wieder einmal nichts anderes ein, als den Versuch zu unternehmen, die Beamten endlich aus ihrem angeblichen Dauerschlaf zu wecken.

So betrachtet es die Ministerpräsidentin von Schleswig-Holstein, Simonis, als Aufgabe der Beamten selbst, für »Effizienzsteigerung« in der öffentlichen Verwaltung zu sorgen: »Der öffentliche Dienst muß *sich* modernisieren, er muß effizienter werden.« Der sächsische Ministerpräsident Biedenkopf verlangt zur Funktionsertüchtigung der Hochschulen »radikale Mittel der Öffnung des Systems … und zwar außerhalb der Bürokratie«. Er sieht in der Bewältigung dieser Frage die Voraussetzung dafür, »ob die Deutschen … ihren Lebensstandard durch überragende innovative, geistige, politische Leistungen für Europa und die für die Welt verdienen«.[5] Der frühere Oberbürgermeister von Stuttgart, Rommel, beklagt den Artikel des Grundgesetzes, der die »hergebrachten Grundsätze des Berufsbeamtentums« festschreibt. Er fordert »eine Entrümpelung des Tarif- und Beamtenrechts, um eine größere Flexibilität im Personaleinsatz zu erreichen. (...) Wir brauchen eine Kosten-Leistungs-Rechnung im ganzen öffentlichen Dienst, einen klaren Überblick darüber, was bestimmte Leistungen und bestimmte Verwaltungstätigkeiten kosten und was sie produzieren, welchen Wirkungsgrad sie haben.«

Aber während Rommel das anzuwendende Verfahren untersuchen wollte und gleichzeitig bereit war, wenigstens zwei Ämtern in seiner Stadtverwaltung durch Verlagerung von mehr Kompetenzen nach unten die Mittel in die Hand zu geben, die sie wieder in die Lage versetzen sollten, für ihre Aufgabenerfüllung selbst geradezustehen, wird die »Privatisierung öffentlicher Aufgaben« andernorts – koste es, was es wolle – an allen Ecken und Enden vorangetrieben, und jeder Politiker, der etwas gelten will, beteiligt sich an diesem Ritual. Rechnungshöfe untersuchen Verwaltungsabläufe, Berater haben Hochkonjunktur bei der Analyse von Aufbau- und Ablauforganisationen von Ministerien, Vollzugsbehörden oder Universitäten.

Angesichts zahlreicher Erfahrungen der Bürger des Landes scheint ja auch die Kritik an der Verwaltung in hohem Maße gerechtfertigt zu sein: Wer z. B. ein Wohnbauförderungsdarlehen erst nach Einreichung von 14 (!) – zum großen Teil öffentlich beglaubigten – Dokumenten zugesagt erhält, dann ein Vierteljahr auf das Geld wartet und schließlich auf behutsame Nachfrage hin erklärt bekommt: »Ja, die Auszahlung müssen Sie schon noch gesondert beantragen!«, wird zu Recht zornig. Und seine Wut steigert sich noch, wenn er auf die Frage, welches

Formblatt denn dazu nun wieder auszufüllen sei, erfährt, es genüge die telefonische Anforderung, damit das Geld tatsächlich überwiesen werde.

Nicht anders ergeht es dem Bürger an den meisten Stellen der öffentlichen Verwaltung, gleichgültig, ob er sich an Behörden seiner Stadt, des Landes oder des Bundes wendet, ob er es mit einem Sozialversicherungsträger, einem öffentlichen Monopolunternehmen der Energieversorgung oder einer öffentlich-rechtlichen Rundfunkanstalt zu tun hat: Ob jemand ein Baugesuch einreicht, eine Bescheinigung braucht, ob er Leistungen beansprucht oder eine Auskunft haben will – kaum jemals kann er davon ausgehen, daß sein Gegenüber von sich aus auf die richtige Formulierung des Begehrens aufmerksam macht und Hinweise gibt, die zur Erledigung des Anliegens förderlich sind.

Trotz dieser millionenfachen Erfahrungen sind die Forderungen der Politiker nach mehr Leistungsbereitschaft in der öffentlichen Verwaltung unberechtigt. Zwar gibt es den schönen Witz, in dem der Mitarbeiter einer Behörde die verwunderte Frage stellt: »Ich weiß gar nicht, was die Leute gegen uns Beamte haben. Wir tun doch gar nichts!« Wer aber nur über ein klein wenig Einblick verfügt, weiß, daß es in den Amtsstuben nicht anders zugeht als überall im Leben: Es gibt (wenige) sehr fleißige, (schon etwas mehr) emsige, (eine große Menge) durchschnittlich tätige, (schon wieder etwas weniger) ungenügend einsatzbereite und (nur sehr wenige) ganz faule Mitarbeiter. Es gibt einzelne Ämter und Arbeitsgebiete, in denen ein gewaltiges Pensum zu erledigen ist und bewältigt wird – und es gibt

Drückebergerposten. Sicher ist es ärgerlich, vor allem für die stark belasteten und besonders leistungsbereiten Beamten, daß ihre faulen Kollegen das gleiche Gehalt beziehen. Und sicher wäre es verdienstvoll, eine gerechtere Besoldung zu finden. Nur: Dieses Problem gibt es in jedem Unternehmen, und so gut wie keines hat – sieht man von der Bezahlung nach Akkordleistungen ab – ein tatsächlich funktionierendes Gehaltssystem entwickelt, durch das die Mitarbeiter gerecht bewertet und vergütet werden.

Die Tatsache unterschiedlicher Leistungen im öffentlichen Dienst stellt außerdem nur ein Randproblem dar. Denn die wirklich horrenden Kosten entstehen dadurch, daß die Zahl der Aufgaben, die die Politiker den Ämtern laufend zusätzlich übertragen, die Beamtenschwemme auslöst und daß jedes Problem, für das die Politik mit Hilfe der öffentlichen Verwaltung eine Lösung sucht, zusätzliche Verwaltungsinstanzen schafft, die neben die historisch zuständigen Ämter treten, das System komplizieren und die Bereitschaft zur Übernahme von Verantwortung aushöhlen. Die Politik definiert zwar die Aufgaben der öffentlichen Verwaltung, weigert sich aber, zur Kenntnis zu nehmen, daß dies zugleich Vorgaben für Kosten und Personalbedarf mit sich bringt.

Um Effizienz – verstanden als die Erledigung einer möglichst großen Zahl von Vorgängen – darf es auch in einer ganzen Reihe von Aufgabenfeldern der öffentlichen Verwaltung vorrangig gar nicht gehen, denn ein Standesamtsregister muß zuverlässig geführt und ein kriminalpolizeiliches Ermittlungsverfahren muß mit der notwendigen Sorgfalt erledigt werden. Der Aufwand je Fall darf dabei nicht von Effizienzgesichtspunkten abhängen, sondern muß sich z. B. an der Schwere des aufzuklärenden Straftatbestandes, an der Gefährlichkeit eines Verhaltens oder der besonderen Verwerflichkeit eines Deliktes orientieren. Auf die Erledigung möglichst vieler Fälle kommt es in diesen Bereichen der Staatsverwaltung zuallerletzt an.

Wie aber soll die Effizienz in unseren Krankenhäusern, deren Beschäftigte in ihrer ganz überwiegenden Mehrheit Angehörige des öffentlichen Dienstes sind, gesteigert werden? Auf diesem Gebiet sind wir nicht mehr auf Spekulationen über mögliche konkrete Schritte angewiesen, die Effizienzsteigerung wird derzeit auf Grund politischer Vorgaben in besonders perverser Art und Weise detailliert vorbereitet: Mit Hilfe der Totalerfassung jedes einzelnen Handgriffs, den die Schwestern zu erbringen haben, sollen Kriterien für die Bemessung des Personaleinsatzes in den Kliniken ermittelt werden. Kaum ist uns gerade erst wieder bewußt geworden, daß es nicht ausreicht, zur Heilung von Krankheiten einzelne aus dem Ruder gelaufene Körperfunktionen zu »reparieren«, sondern daß in aller Regel der ganze leidende Mensch vom Arzt und vom Klinikpersonal gesehen und entsprechend behandelt werden muß, daß in den meisten Fällen Zuwendung und liebevolle Betreuung gleich großes Gewicht für die Genesung haben wie die unmittelbar medizinischen Maßnahmen – da beginnen wir damit, die Tätigkeit des Klinikpersonals in kleinste Einheiten aufzulösen und die mechanische Zergliederung dessen zu betreiben, was sich an (wenig genug!) Mitmenschlichkeit, für die ja

gerade die Funktionsbezeichnung des weiblichen Pflege-
personals als »Schwester« steht, in unseren Krankenhäusern erhalten konnte.

Aber selbst pflegerische Tätigkeiten wie Waschen oder
»Füttern« eines Kranken lassen sich nicht nach den – sie
heißen wirklich so! – »Minutenwerten« der Pflegeverordnung für alle Kranken gleich bemessen. Bei dem einen
Patienten ist großer Aufwand erforderlich, ein anderer will
möglichst viel selbst erledigen und kann dies auch – und
das bleibt ja im Verlauf der Behandlung auch nicht gleich
und kann sich von Tag zu Tag dramatisch ändern. Selbst
wenn sich die Zeiten für die einzelnen Handgriffe in
Durchschnittswerten niederschlügen: Das Verfahren muß
schon deshalb scheitern, weil die Ausgangslage (von der
Ausstattung mit geeignetem Mobiliar bis hin zu den baulichen Verhältnissen) in jeder Klinik anders ist – glückli-
cherweise, muß man hinzufügen, denn das führt zu Konkurrenz, und diese wiederum bietet die einzige Chance
für kontinuierliche Verbesserungen.

Das von der Politik vorgeschriebene bürokratische Verfahren erzeugt demgegenüber notwendigerweise scholà-
stischen Immobilismus – verantwortet ausgerechnet von
denen, die sich als die fundamentalen Gegner der Verwaltung des Mangels sozialistisch-starrer Gesellschaftsver-
hältnisse darstellen. *Nicht die Schwestern, nicht die Ärzte
müssen effizienter werden, sondern die Politik:* Sie muß
endlich wieder Rahmenbedingungen schaffen, die es
einer Oberschwester, dem Chefarzt und dem Verwaltungsdirektor einer Klinik erlauben, auf Grund ihrer Erfahrungen, mit gesundem Menschenverstand und nach

bestem Wissen und Gewissen über die Ausstattung der einzelnen Stationen mit Pflegepersonal selbstverantwortlich zu entscheiden.

Die Ergebnisse der »Minutenwerterfassung« lassen klar erkennen, daß die auf diese Weise ermittelten Personalrichtwerte abseits aller realistischen Anforderungen an den Klinikbetrieb sind und ersatzlos in den Papierkorb gehören. Für die »Zuwendung«, die die Krankenschwester dem Kranken zuteil werden läßt – durch das Gespräch, das Halten der Hand, das Vorlesen von Briefen etc. –, erlaubt die entsprechende Pflegeverordnung in der Schweiz genau sieben Minuten pro Tag und Kranken. Diese Perversion gilt zwar in Deutschland noch nicht, aber angesichts der deutschen Effizienzforderungen an den öffentlichen Dienst kann es nicht lange dauern, bis auch unsere Kranken diese »Errungenschaft« genießen dürfen.

Durch die pauschale Forderung nach mehr Effizienz wird an dem berechtigten Verdruß über die öffentliche Verwaltung auch nichts Grundsätzliches verbessert: Durch neue Zuordnungen, andere Dienstwege und die Umgruppierung von Ämtern mag an der einen oder anderen Stelle etwas beschleunigt oder ökonomischer erledigt werden können. Aber wie sich durch eine andere Aufstellung der Möbel in einer Wohnung zwar auch immer wieder einmal ein praktischeres Leben organisieren läßt (in der Regel bewirkt dies nur eine bessere Anpassung an den Zeitgeschmack) – die Quadratmeterzahl der Wohnung verändert sich dadurch nicht. Und auch ein Umbau ohne Vergrößerung des Grundrisses wird nur selten dazu füh-

ren, daß sich der Nutzungsgrad entscheidend erhöhen
läßt.

Dennoch noch einmal: Im Bezahlungssystem der
öffentlichen Verwaltung spielt Leistung keine Rolle – am
1. oder 15. eines jeden Monats haben alle Mitarbeiter der
gleichen Vergütungsgruppe (und des gleichen Familien-
stands, Lebensalters und der gleichen Beschäftigungszeit)
das gleiche Gehalt auf ihrem Konto. *Müßte hier nicht endlich nach Leistung differenziert werden können?* Und ist
dieses Ärgernis nicht die Ursache für die immer wieder
erneuerten Ankündigungen der Politiker, man wolle nun
endlich in der öffentlichen Verwaltung das Leistungsprinzip durchsetzen?

Die Reformversuche von 1994 bis 1996 oder
Falsche Richtung, falsche Schritte

Im Sommer 1994 ist wieder einmal eine solche Reform,
diesmal in Gestalt eines »Perspektivberichtes über die
Fortentwicklung des öffentlichen Dienstrechts«, begonnen worden. Man muß gar nicht raten, welche Mittel dieser Plan zur Durchsetzung des Leistungsprinzips in der
Verwaltung vorsieht: natürlich bürokratische, d. h., durch
zusätzliche Regelungen und Anordnungen werden neue
formale Pflichten eingeführt und zu deren Erledigung
zusätzliche hierarchische Strukturen aufgebaut. So werden z. B. neue Probezeiten eingeführt, die zu absolvieren
sind, bevor jemandem eine Leitungsfunktion übertragen
wird. Dabei kommt man doch bereits jetzt in aller Regel
erst nach jahrelanger Ausübung eines Amtes für eine

Führungsfunktion in der Bürokratie in Frage. Daß diese Änderung auf »Seiteneinsteiger« zielt, die als engste Mitarbeiter führender Politiker vor Wahlen noch schnell mit lukrativen Positionen in der Bürokratie zu versorgen sind, ist kaum anzunehmen. Rudolf von Sandersleben irrt, wenn er vermutet, daß es eine Steigerung der aus politischen Gründen vorzeitig in den Ruhestand geschickten Beamten gebe, um politische Freunde versorgen zu können.[6] Das Gegenteil ist richtig, die Zahl der »beamteten Spaziergänger« hat in den letzten Jahren deutlich abgenommen – wenn auch nicht, weil die Politiker ihre engen Mitarbeiter vor Wahlen nicht weiterhin zu versorgen trachteten. Sie müssen aber dazu niemand anderen mehr in den Ruhestand schicken, weil das Wachstum der Bürokratie und vor allem der überproportionale Anstieg der höheren Positionen dieses »Problem« mühelos aus der altersbedingten Fluktuation zu lösen erlaubt.

Durch die Änderungen des Dienstrechts wird außerdem wieder einmal ein neues Beurteilungssystem eingeführt, das angeblich wesentlich differenziertere Aussagen über die Qualifikation der Bediensteten zulassen soll, obwohl das bisher praktizierte Bewertungsverfahren bereits umständliche bürokratische Aktivitäten auslöst, ohne daß dadurch ein auch nur halbwegs objektives Urteil erreichbar wäre. Wegen der gerichtlichen Nachprüfbarkeit wird sich jeder Vorgesetzte hüten, seine sicher subjektive, aber in aller Regel doch zutreffende persönliche Beurteilung zu Papier zu bringen und auf diese Weise »aktenkundig« zu machen. Warum sollte er sich auch mit einem Mitarbeiter anlegen und auf diese Weise das

Arbeitsklima belasten, solange nicht allzu schwerwiegende Gründe dazu zwingen?

Die Reform sieht auch vor, Leistungsprämien einzuführen, obwohl es keinerlei nachvollziehbare Maßstäbe dafür gibt, wann eine solche Prämie sinnvollerweise zu gewähren ist – und vor allem, wann nicht. Nach aller Erfahrung führen solche Maßnahmen so lange zu neuer Willkür, bis auch der letzte lahme Gaul, der einen formalen Anspruch auf derartige Zulagen geltend machen kann, daran auch tatsächlich partizipiert. Warum sollte es diesmal anders sein, wo doch in der Vergangenheit noch jede Maßnahme, die als Leistungsanreiz gedacht war – wie z. B. der bereits erörterte »Bewährungsaufstieg« –, zu einem normalen Bestandteil des Vergütungs- und Karrieresystems wurde. Denn wenn überhaupt einmal ein Vorgesetzter sich dazu aufrafft, einem solchen Aufstiegsansinnen wegen erwiesener Mängel bei der Aufgabenerfüllung Widerstand entgegenzusetzen, kann der betroffene Bedienstete – zumal wenn er den Personalrat einschaltet oder sich des Rechtsschutzes bedient, den die ÖTV gewährt – mit allergrößter Erfolgsaussicht dagegen gerichtlich angehen. Wer aber hat diese Rechtslage zu verantworten? Der einzelne Vorgesetzte sicher nicht. Und die jetzt beschlossenen neuen Vorschriften ändern an diesem Sachverhalt kein Jota. Eine neue Praxis ist demnach nicht in Sicht.

Wie bereits dargelegt, kann es bei der Erledigung einer ganzen Reihe öffentlicher Aufgaben auch nicht um Effizienz im herkömmlichen Sinne gehen. Die Antwort auf die Frage, wie man auf den Feldern der tatsächlich hoheitlichen Tätigkeit die geforderte »Kostentransparenz« erzeugen kann, bleiben die Initiatoren neuer Vorschriften und »Modellversuche« schuldig – mit der Konsequenz, daß neue Ämter sich der Erledigung dieser Aufgabe annehmen werden. Denn für den vorgesehenen Vergleich von Behörde zu Behörde muß ja irgend jemand zuständig sein. Wer soll kontinuierlich die Kriterien für den Vergleich festlegen, die erforderlichen Daten erheben und den verlangten Konkurrenzpreis verbindlich festsetzen? Der Verdacht ist groß und erhärtet sich bereits: Dafür brauchen wir dann wieder ein neues Amt! Von Schleswig-Holstein bis Bayern gibt es Initiativen, die Aufgaben der hoheitlichen Verwaltung als »Produkte« einzustufen. Seit November 1996 wird deren Zahl z. B. in bayerischen Amtsstuben von Inspektoren mengenmäßig erfaßt. Wer im Kreisverwaltungsreferat der Stadt München 30 Bußgeldbescheide an einem Tag erläßt, gilt danach als produktiver Mitarbeiter. Ob diese Bescheide ordentlich oder schlampig bearbeitet wurden, läßt sich natürlich mit statistischen Methoden nicht erfassen. Man müßte dafür schon auch die rechtliche Qualität dieser Verwaltungsakte überprüfen. Wer aber – außer einem neuen Amt – soll das tun? – Auf gut bayerisch: Das Ganze ist Krampf!

Und wer soll die Konsequenzen bei der Feststellung »unwirtschaftlichen Arbeitens« eines Kataster- oder eines Oberschulamtes festlegen? Und worin sollen die Folgerungen bei negativen Beurteilungen bestehen? Daß die Gehälter der amtlich festgestellten »Bummelanten« gemindert werden könnten, kann im Ernst niemand glauben, der unsere Arbeitsrechtsprechung kennt. Welche wirksamen Sanktionen sind aber sonst überhaupt in solchen Fällen denkbar?

Gewichtiger noch ist der Einwand, daß – unabhängig von der Leistungsfrage – weder das gegenwärtige Einstufungsprinzip willkürlich ist, noch das vorgesehene neue Verfahren künftige Willkür bei der Zumessung des persönlichen Einkommens im öffentlichen Dienst ausschließt. Das gegenwärtige Verfahren, sehr gute, gute, durchschnittliche und schlechte Leistungen in gleicher Weise zu akzeptieren und allen unterschiedlich leistungsbereiten und leistungsfähigen Mitarbeitern das gleiche Gehalt zu bezahlen, ist natürlich unbefriedigend. Solange es aber keine prinzipiell bessere Lösung für die Einstufungen gibt, hat das eingespielte System wenigstens den Vorteil, den Betriebsfrieden wahren zu helfen. Eifersüchteleien beschränken sich heute in der Regel auf die auch in anderen Tätigkeitsbereichen stets vorhandenen persönlichen Animositäten, für die es immer wieder und besonders, wenn man die Leistungen als Maßstab anlegt, auch objektive Gründe gibt. Nur: Ein generell besseres Verfahren der Einstufung, als es für den öffentlichen Dienst derzeit gilt, ist nicht in Sicht. Alle noch so engagiert daherkommenden Politikeräußerungen können nicht darüber hinwegtäuschen, daß die Lösung dieses Problems qualitativ anderer Anstrengungen bedarf, als es starke Worte und drohende Gebärden sind.

Das Beispiel von der neuen Aufstellung der Möbel in einer Wohnung legt ein anderes Verfahren nahe: Nicht die Neuorganisation der Verwaltungsabläufe, nicht die Forderung nach besserer Arbeitsweise führen zu prinzipiell anderen Verhaltensweisen und geringeren Kosten der öffentlichen Verwaltung. Wirkliche Verbesserungen sind auf diesem Feld nur dann zu erwarten, wenn »überflüssige Möbel« auf den Sperrmüll gebracht werden, sprich: wenn die Vorschriftenflut drastisch reduziert wird.

Die »hergebrachten Grundsätze des Berufsbeamtentums« und das Leistungsprinzip

Der Vorschlag, nicht mehr so viele Aufgaben von Beamten ausüben zu lassen, weil der Kündigungsschutz ihre Leistungsbereitschaft begrenze, und die inzwischen in das Beamtenrechtsrahmengesetz aufgenommene Vorschrift, daß vor der Besetzung von Spitzenpositionen von den zur »Verbeamtung« in solchen Positionen anstehenden Kandidaten Probezeiten zu absolvieren sind, bezeugen die geradezu kindliche Naivität der Vertreter solcher Vorstellungen.

Zunächst einmal ist offenbar den wenigsten, die über solche Fragen in der Öffentlichkeit diskutieren, bekannt, daß es (natürlich) schon bisher im öffentlichen Dienst Probezeiten gab. Völlig unberücksichtigt bleibt bei dieser Debatte auch, daß der Kündigungsschutz für die Angestellten des öffentlichen Dienstes durch Tarifverträge und Arbeitsrechtsprechung inzwischen so ausgefeilt ist, daß er der Garantie der Beschäftigung auf Lebenszeit, wie sie den Beamten gewährt wird, sehr nahe kommt: Wer 15 Jahre als Angestellter im öffentlichen Dienst tätig war, besitzt nach dem Bundesangestelltentarifvertrag dieses Recht bereits heute ausdrücklich. Aber auch der Versuch,

einem Angestellten des öffentlichen Dienstes, der acht
oder zehn Jahre Beschäftigungszeit erreicht hat, zu kün-
digen, ist angesichts der Rechtsprechung von vornherein
absolut aussichtslos, auch wenn dieser Mitarbeiter vollkommen unwillig oder unfähig und dies sogar nachweis-
bar sein sollte. Wer aber hat die entsprechenden Kün-
digungsvorschriften erlassen oder die einschlägigen
Tarifverträge abgeschlossen? Das war doch dieselbe Klas-
se von Politikern, die heute nach Effizienz des öffentlichen
Dienstes und nach Beschränkung der Beamtenrechte ruft.

Die bereits beklagte »Verdurchschnittlichung« des
höheren Dienstes, um dessen Positionen es ja vor allem
geht, wird sich angesichts der neuen Regelungen weiter
beschleunigen: Wer sicher ist, daß er besonders gute Leistungen in seinem Fach erbringt, und keinen Wert darauf
legt, im Berufsleben eine ruhige Kugel zu schieben, ist
heutzutage schon kaum mehr bereit, eine Karriere im
Staatsdienst anzustreben. Dafür gibt es sogar einen stati-
stisch schlagenden Beweis – und zwar auf einem Gebiet,
auf dem die Verhältnisse noch relativ gut stehen, nämlich
beim Nachwuchs für Hochschullehrer in der Rechtswis-
senschaft: Gute Juristen streben seit geraumer Zeit nur
noch in erheblich kleinerer Zahl als früher eine wissenschaftliche Karriere an, weil die Arbeitsbedingungen und
Aufstiegschancen an den Universitäten so unattraktiv
geworden sind, daß man sich von freier Anwaltstätigkeit
und als juristischer Mitarbeiter von Wirtschaftsunternehmen eine bessere Erfüllung seiner Aufstiegswünsche ver-
spricht als in dem früheren Traumberuf eines Universitäts-
professors. In der Zeit von 1979 bis 1989 hat sich nach

Angaben der Dekane rechtswissenschaftlicher Fakultäten die Zahl der Habilitationen in diesem Fach halbiert. Als nach der politischen Wende an den zehn Juristenfakultäten der neuen Bundesländer alle Professuren neu besetzt werden mußten (denn die Juristenausbildung der DDR hatte der Heranbildung von Funktionären gedient, die dem Machterhalt der SED, nicht aber der Durchsetzung von Recht und Gerechtigkeit verpflichtet waren), stand bei weitem nicht genügend wissenschaftlicher Nachwuchs bereit, so daß eine große Zahl frisch habilitierter Nachwuchskräfte, die normalerweise als »Privatdozenten« zunächst Selbstverwaltungs- und Lehrerfahrung sammeln müssen, sofort zu ordentlichen Professoren berufen wurden. Immer wieder kommt es vor, daß die Besetzung solcher Stellen um ein halbes oder ein Jahr ausgesetzt wird, weil bekannt ist, daß sich im betreffenden Fach gerade jemand habilitiert. Wer kann angesichts dieser »Marktlage« erwarten, es würden sich Spitzenkräfte bereit finden, vor Antritt einer Leitungsfunktion beim Staat eine zusätzliche Probezeit zu absolvieren?

Aber die »Funktionierer« aus der gehobenen Laufbahn erhalten durch die Neuregelung für sich selbst völlig risikolose neue Aufstiegschancen, mit allen schon beschriebenen Folgen: Was nämlich der Staatsverwaltung bereits in beklagenswertem Ausmaß fehlt, nämlich leitende Beamte, die die Folgen ihres Handelns überblicken und den Mut besitzen, im Interesse vernünftiger Ergebnisse einmal ein Risiko einzugehen, wird weiter schwinden und noch mehr als bisher schon dem sturen Mittelmaß Platz machen.

Die in dem neuen Gesetz zur Reform des öffentlichen Dienstrechts enthaltenen Regelungen bedrohen darüber hinaus den »Betriebsfrieden«, ohne daß die angestrebten Ziele auf diesem Weg erreicht werden können. Denn als Steuerungsinstrument sind (natürlich wieder einmal) bürokratische Methoden vorgesehen. Es nützt aber nichts, die Probleme dadurch lösen zu wollen, daß die Verantwortung für das mangelhafte Funktionieren des Systems den »Rädchen« mit der Aufforderung zugewiesen wird, die sollten sich gefälligst schneller und präziser drehen – die Uhrzeiger müssen richtig gestellt sein, und die Antriebskraft, gleichgültig ob das Gewicht, Uhrfeder oder Elektromotor ist, muß die erforderliche Wattstärke besitzen!

7. Auswege und Forderungen

> Die Gewagtheit des Daseins, zu dem der Mensch berufen
> ist, offenbart sich nirgendwo in so lapidarem Stil wie in
> der Ballung der Kräfte, die er durch seine staatliche Selbst-
> organisation ins Leben ruft.

THEODOR LITT

Das Subsidiaritätsprinzip: Delegation nach unten

Bemühen wir noch einmal das Beispiel der mit Möbeln vollgestellten Wohnung, in der man sich nur bewegen und richtig leben kann, wenn man sie entrümpelt. Im übertragenen Sinn: Obwohl das Gebäude der öffentlichen Verwaltung derartig mit Einrichtungsgegenständen überfüllt ist, daß man sich darin nicht mehr umdrehen kann, werden immer noch Möbel angeschafft – paradoxerweise gerade von denen, die am lautesten fordern, man brauche endlich wieder Bewegungsraum, die Verwaltung müsse endlich effizienter arbeiten. Alles, was uns an zusätzlichen behördlichen Kontrollen zur Überwachung angedient wird (zuletzt wieder im Zusammenhang mit den völlig unbewiesenen Behauptungen über generelle Mittelverschwendungen für den Aufbau in den neuen Bundesländern), läuft auf die Schaffung weiterer Verwaltungsebenen hinaus. Genau das Gegenteil ist erforderlich: Weg mit den überflüssigen Bürokratien, ersatzlose Streichung ganzer Ebenen der Staatsverwaltung. Denn die Verlagerung der Zuständigkeit nach unten ist kein gnädig gewährtes Geschenk der Politiker an die einzelnen Subjekte der Gesellschaft; diese haben vielmehr einen von der Verfassung garantierten Anspruch darauf, von jeder derartigen Bevormundung freigestellt zu werden.

Das dazu bereits früher Gedachte ist in klassischer Form in der Enzyklika »Quadragesimo anno« von Papst Pius XI. im Jahr 1931 formuliert worden: »Wenn es nämlich auch zutrifft, was ja die Geschichte deutlich bestätigt, daß unter den veränderten Verhältnissen manche Aufgaben, die früher leicht von kleineren Gemeinwesen geleistet wurden, nur mehr von größeren bewältigt werden können, so muß doch allzeit unverrückbar jener oberste sozialphilosophische Grundsatz festgehalten werden, an dem nichts zu rütteln noch zu deuteln ist: wie dasjenige, was der Einzelmensch aus eigener Initiative und mit seinen eigenen Kräften leisten kann, ihm nicht entzogen und der Gesellschaftstätigkeit zugewiesen werden darf, so verstößt es gegen die Gerechtigkeit, das, was die kleineren und untergeordneten Gemeinwesen leisten und zum guten Ende führen können, für die weitere und übergeordnete Gemeinschaft in Anspruch zu nehmen; zugleich ist es überaus nachteilig und verwirrt die ganze Gesellschaftsordnung. Jedwede Gesellschaftstätigkeit ist ja ihrem Wesen und ihrem Begriff nach subsidiär; sie soll die Glieder des Sozialkörpers unterstützen, darf sie aber niemals zerschlagen oder aufsaugen.«

Dies muß – hat es schon für die »normalen« Lebensverhältnisse zu gelten – in besonderer Weise dort verwirklicht werden, wo Freiheit schlechthin Voraussetzung jeg-

lichen Erfolges ist, nämlich im Bereich des Versuchs plan-
voller geistiger Durchdringung aller Fragen: in der Wissenschaft. Dies muß dann aber auch für Organisationen
gelten, in denen sich Forschung und Lehre abspielen, also
für die Universitäten.[7] Die statt dessen allüberall das
Gemeinwesen durchwuchernde Bevormundung der Bürger durch Regelungen, die sie – durch nichts legitimierten – Entscheidungen von Bürokraten ausliefern, muß beendet werden. *Nicht der planvolle Angriff ideologisch
fixierter Feinde der Grundrechte auf die freiheitliche Ordnung unseres Staates bedroht die mühsam errungene freie
Staats- und Gesellschaftsordnung Deutschlands ernstlich*
(obwohl wir auch insoweit natürlich auf der Hut bleiben
müssen), *sondern der blinde Gehorsam gegenüber dem
positiven Recht* (dessen Ordnungsfunktion selbstverständlich nicht bestritten wird und das es deshalb durchaus zu pflegen gilt). Dessen Vollstrecker merken aber gar
nicht, wie sie durch ihr nicht am Gesetzeszweck, sondern
am Wortlaut orientiertes »streng legales« Verhalten den
Boden zubetonieren und damit allem Lebendigen den
Atem nehmen.

*Das Beispiel Ludwig Erhards oder
Vorschriften in den Papierkorb!*

Daß Verwaltung nach dem Subsidiaritätsprinzip besser
funktioniert als das bürokratische Modell, hat das westliche Nachkriegsdeutschland in einem Großversuch nachgewiesen, der leider von keiner politischen Seite als Beispiel für die Effizienz staatlicher Selbstbeschränkung

verinnerlicht worden ist. Dabei beweist es, welche Kräfte freigesetzt werden, wenn bürokratische Gängelei beseitigt wird.

Ludwig Erhard dazu: »Tatsächlich wurde die Marktwirtschaft in Deutschland – ein fast einzigartiger historischer Vorgang – durch einige wenige Gesetze und durch kompromißlose Entschlossenheit eingeführt. Der Wille, etwas gänzlich Neues zu schaffen, fand seinen Niederschlag in dem ›Gesetzes- und Verordnungsblatt des Wirtschaftsrates des Vereinigten Wirtschaftsgebietes‹ vom 7. Juli 1948, wo … das ›Gesetz über Leitsätze für die Bewirtschaftung und Preispolitik nach der Geldreform‹ vom 24. Juni 1948 verkündet wird. Mit diesem Gesetz wurde dem Direktor der Verwaltung für Wirtschaft das Recht eingeräumt, mittel- oder unmittelbar in einem Zuge Hunderte von Bewirtschaftungs- und Preisvorschriften in den Papierkorb zu befördern. Ich wurde beauftragt, im Rahmen der angefügten Leitsätze, die erforderlichen ›Maßnahmen auf dem Gebiet der Bewirtschaftung zu treffen‹ und ›die Waren und Leistungen im einzelnen zu bestimmen, die von den Preisvorschriften freigestellt werden sollen‹ – dies bedeutete für mich, so schnell als möglich so viele Bewirtschaftungs- und Preisvorschriften als möglich zu beseitigen. Bereits einen Tag später wurde die ›Anordnung über Preisbildung und Preisüberwachung nach der Währungsreform‹ erlassen, mit der Dutzende von Preisvorschriften außer Kraft traten. Wir gingen hierbei den einzig möglichen Weg: Es wurde darauf verzichtet, all das aufzuführen, was ungültig wurde, und nur das namentlich und ausdrücklich genannt, was noch Geltung behalten sollte. Damit war ein gewaltiger Schritt in Richtung auf das Ziel der Beseitigung einer unmittelbaren Einflußnahme der Bürokratie auf die Wirtschaft getan.«[8]

Daß dieser Erfolg bei der Beseitigung überflüssiger Bürokratie nicht nur der Gunst der Stunde, sondern auch entschlossenem politischem Willen zu verdanken war, beschreibt Erhard wenige Zeilen später folgendermaßen: »Strenge Vorschriften der amerikanischen und englischen Kontrollinstanzen verlangten vor jeder Änderung von Preisvorschriften deren ausdrückliche Genehmigung. Woran die Alliierten allerdings nicht gedacht hatten, war, daß jemand auf die Idee kommen könnte, diese Preisvorschriften nicht zu ändern, sondern sie einfach aufzuheben.« Erhard riskierte damit durchaus seine Entlassung und hatte in den folgenden Monaten harte Auseinandersetzungen mit den Alliierten wie auch mit der Öffentlichkeit, ja mit seinen Mitarbeitern im Amt durchzustehen.

Wo die Politik unserer Tage einmal so tut, als wolle sie energisch Muskeln zeigen, wie z. B. in der Frage einer geringfügigen Begrenzung der Lohnfortzahlung im Krankheitsfall, genügt schon ein Räuspern der Betroffenen, um alle angebliche Entschlossenheit zur Senkung der Kosten in der Wirtschaft sofort in gehorsames Kuschen umzuwandeln. Es ist daher auch sehr unwahrscheinlich, daß heutige Amtsträger in der Politik sogar noch dann zu ihren Überzeugungen stehen, wenn – wie es Erhard 1948 geschah – die Gewerkschaften zum Generalstreik gegen seine Wirtschaftspolitik aufrufen.

Dabei war die Tat Erhards und sein konsequentes Durchhalten die entscheidende Weichenstellung für den (bundes)deutschen Wiederaufstieg nach dem Zweiten Weltkrieg. Sie ist übertragbar.

Fraktale oder Gibt es einen logischen Schlußpunkt für die Gesetzesmacherei?

Man könnte den Appell dieser Abhandlung zum Verzicht auf Gesetzesperfektionismus als Forderung nach »Lean Laws« bezeichnen und damit den Ruf nach »Lean Management« oder »Lean Administration« im Sinn eines Abbaus von hierarchischen Stufen abwandeln, wie er in der Wirtschaft seit geraumer Zeit praktiziert wird und wozu sich die Politik für den staatlichen Bereich zwar in markigen Verlautbarungen, nicht aber in faktischen Maßnahmen so richtig erwärmen will.

Allerdings gibt es bei diesem Bemühen um eine Verringerung der Staatstätigkeit eine weitreichende Ausnahme, die jedoch in die völlig falsche Richtung führt: den Stellenabbau an den Universitäten, durch den wesentliche Leistungen für die Reproduktion der geistigen Potenzen unseres Landes vernichtet werden. Seit der Regierungserklärung von 1963, in der Ludwig Erhard die Bildungsausgaben »Sozialinvestitionen« nannte und die notwendigen Anstrengungen auf diesem Gebiet für gleichbedeutend mit der Lösung der sozialen Frage im 19. Jahrhundert bezeichnet hatte, taucht dieser Topos in Sonntagsreden von Politikern zwar hin und wieder auf. Die sich daraus ergebenden praktischen Konsequenzen werden aber an keiner Stelle gezogen; im Gegenteil erblickt die Politik offenbar in den Universitäten den Steinbruch, aus dem sie sich zur Erfüllung ihrer unproduktiven Zielsetzungen nach Belieben bedienen kann – innerhalb einer Legislaturperiode sind die Konsequenzen solcher Eingriffe ja nicht zu spüren.

Aus der Diskussion über die Chaostheorie in Mathematik und Naturwissenschaften[9] läßt sich für unser Problem eine Parallele finden. Eine zentrale Entdeckung in diesen Disziplinen lautet: Je kleiner der Maßstab für die Abbildung eines physikalischen Körpers gewählt wird, desto größer wird sein Umfang. Es leuchtet ja sofort ein, daß die Länge einer Küste um so größer wird, je genauer man jeder einzelnen Ein- oder Ausbuchtung folgt. Eine »objektive« physikalische Größenangabe ist daher denklogisch nicht möglich.[10]

Dies gilt ganz offenbar auch für die Gesetzgebung: Der Versuch, allen Lebenstatbeständen durch Vorschriften gerecht werden zu wollen, heißt eine unendliche und daher prinzipiell unmögliche Aufgabe anzugehen. Je genauer man hinsieht, je gerechter man einer Situation werden will, je differenzierter man die zugrundeliegenden Tatbestände betrachtet, um so mehr muß man feststellen, daß sie sich von allen anderen Tatbeständen unterscheiden. Das positive Recht lebt aber grundsätzlich davon, daß es Tatbestände generalisiert, d. h. an bestimmte, »gleiche« Tatbestandsmerkmale gleiche Rechtsfolgen knüpft. Je differenzierter das positive Recht aber vorgeht, desto komplizierter muß es notwendigerweise werden – bis es aufhört, überhaupt noch generelle Lösungen zu bieten, weil sich alle Tatbestände von allen anderen unterscheiden.

Als Ausweg kommt nur in Frage, sich auf »Größenordnungen« zu verständigen, die noch in Betracht gezogen werden sollen, und »Unschärfen« in Kauf zu nehmen. Da die Festlegung der dafür notwendigen Grenzen mit wissenschaftlichen Methoden nicht möglich ist, kommt es hierfür auf Plausibilität an. Im Klartext: Wir brauchen dafür gesunden Menschenverstand. Das war übrigens auch den maßgeblichen, die moderne Demokratie begründenden Verfassungsdenkern der Neuzeit geläufig. Denn daß es bei den politischen Entscheidungen im Staat nicht um Wissenschaft, sondern um subjektives Urteil geht, ist ja die Voraussetzung dafür, daß das demokratische Prinzip »Ein Mann – eine Stimme« überhaupt einen Sinn ergibt. Daß wir dies vergessen zu haben scheinen, hängt sicher nicht nur damit zusammen, daß die marxistische Doktrin davon ausgeht, ihr »wissenschaftlicher Geltungsanspruch« legitimiere die auf sie gestützten politischen Entscheidungen, sondern in den pluralistischen Demokratien offenbar damit, daß die Politiker – in Deutschland beginnend in den sechziger Jahren – sich angewöhnt haben, ihre Vorhaben durch »wissenschaftliche Berater« so abzusichern, daß Zweifel nicht mehr möglich zu sein scheinen. Dieser Eindruck entsteht aus der verbreiteten Meinung, wenn die Wissenschaft gesprochen habe, erübrige sich aller Streit. Mehr als vorbereitende Beiträge zu sachgerechten, deshalb aber keineswegs wertfreien Urteilen kann »die« Wissenschaft aber nicht leisten. Die jeweils erforderlichen Entscheidungen verlangen die Einbeziehung anderer Kategorien und unterliegen prinzipiell nicht dem Schema »richtig oder falsch«.

**Ordnungen und Prozesse oder
An der Schnittstelle von analogem
und digitalem Denken**

Zu den theoretischen Begründungen, warum Gesetze heute nicht mehr nach perfekten Lösungen streben dürfen, wenn sie nicht alles Leben ersticken sollen, gehört noch ein weiterer Umstand, über den wir gerade beginnen, uns etwas größere Klarheit zu verschaffen: Unsere technische Umwelt hat in den letzten beiden Jahrzehnten eine zunehmende Komplizierung dadurch erfahren, daß wir bereits zu erheblichen Teilen in einen Zustand neuer Techniken übergegangen sind, deren Kennzeichen die hohe Geschwindigkeit der Datenverarbeitung und die davon ausgehende Beschleunigung der Arbeitsabläufe und die damit möglich werdende Gleichzeitigkeit von Prozessen ist, die wir mit unserem Verstand nur nacheinander (analog) vollziehen können. Das Leben an der Schnittstelle analog/digital hat notwendigerweise Veränderungen in den Techniken der Organisation und Bewältigung des Zusammenlebens mit sich gebracht. Es kann daher nicht ohne Auswirkungen auf die Regelungsmechanismen bleiben, die wir dafür besitzen – nämlich das Recht.

Welche Konsequenzen sich daraus für die persönlichen Beziehungen der Menschen untereinander – also auf dem Felde des Zivil- und gegebenenfalls auch des Strafrechts – ergeben, kann dahinstehen. Die uns hier interessierenden Auswirkungen auf die Staatsorganisation sind dann jedenfalls unübersehbar, wenn sie rational blei-

ben und man die Rationalisierungsvorteile, die das digi-
tale Zeitalter bietet, zur Lösung der dem Staat heute
gestellten Probleme nutzen will. Das Problem benennen
heißt, die Größe der Aufgabe, vor der die Staatswissen-
schaften und insbesondere die Verwaltungsrechtsdogma-
tik damit stehen, nur ahnen zu lassen. Sie ist gewaltig.

Die unsere staatliche Verwaltung nach wie vor kenn-
zeichnende Organisationsform nach *Ordnungen* wird der
geschilderten Aufgabe nicht gerecht. Für die Wirtschaft
steht schon seit längerer Zeit fest, daß wir den Übergang
von einer von Ordnungen geprägten Welt in eine nach
Prozessen ablaufende Kultur schaffen müssen.

Nun ist das keineswegs neu. Die Max-Planck-Gesellschaft kannte seit den frühen fünfziger Jahren die Person
des »Institutsbetreuers« in ihrer zentralen Verwaltung.
Ihre Forschungseinrichtungen werden von den nach
strengsten Maßstäben ausgewählten Institutsdirektoren
»wissenschaftlich und verwaltend« geleitet. Ihnen steht
die »Generalverwaltung« unterstützend zur Seite, die bis
1997 folgende Besonderheit aufwies: Jede Abteilung –
Akademische Verwaltung und Auslandsbeziehungen,
Recht und Organisation, Personal, Finanzen – untersteht
einem Abteilungsleiter, der zugleich für jeweils ein Viertel der Institute als »Institutsbetreuer« zuständig war. Das
bedeutete, daß er bei allen Anliegen, die die dezentralen
wissenschaftlichen Einrichtungen gegenüber der Generalverwaltung hatten – von der Neuberufung eines Direk-
tors über die Aufstellung des Jahreshaushalts, von Baufra-
gen und sonstigen Investitionsproblemen bis hin zu
Einzelfragen des Arbeitsrechts oder der internationalen

Zusammenarbeit –, deren Ansprechpartner war. Im Sinne der erwähnten Prozeßsteuerung hatte er die Anliegen der ihm zugeordneten Institute gegenüber den Leitungsgremien der Gesellschaft, den zuständigen Abteilungen und gegenüber Dritten aufzugreifen und zu vertreten. Da er zugleich selbst auf einem der großen Verwaltungsfelder sachlich zuständig war, kannte er sowohl die Probleme »vor Ort« als auch die besonderen Bedingungen, unter denen die Leitung der Max-Planck-Gesellschaft zu Entscheidungen in der Sache kam.

Diese Organisationsform, durch die sichergestellt wurde, daß sich immer jemand in der Zentrale persönlich dafür verantwortlich fühlte, daß die konkreten Probleme der Institute gelöst wurden, war eines der Erfolgsrezepte dieser Forschungsorganisation, die weltweit die meisten Nobelpreisträger in ihren Reihen vereinigt und damit sogar erfolgreicher ist als die renommiertesten amerikanischen Universitäten. (Die Gründe, die die Max-Planck-Gesellschaft im Sommer 1997 veranlaßt haben, dieses bewährte Modell ihrer Verwaltungszentrale zu verlassen, sind für Außenstehende kaum verständlich. Ein Grund könnte sein, daß die Entwicklung der Vorschriftenlage auch das Verwaltungshandeln der Max-Planck-Gesellschaft derartig kompliziert hat, daß die Verantwortlichen ihrem bisherigen Instrument nicht mehr trauen. Trotz dieses sicher bedrängenden Problems geben wir der Neuorganisation aus den aufgeführten prinzipiellen Gründen eine schlechte Prognose.)

Das positive Muster der bisherigen Verwaltungsorganisation war aber keineswegs eine Erfindung der Max-

Planck-Gesellschaft. In der Schweiz ist es – ohne institutionell so abgesichert zu sein – in dem Sinn bekannt, daß man dort zur Verfolgung eines in der politischen Gemeinde beschlossenen Zieles jemanden bestellt, der sich um den Fortgang der Sache zu kümmern hat und deshalb die Bezeichnung »Kümmerer« trägt. Auch in der Verwaltung einiger deutscher Städte erprobt man das Verfahren, so in Soest, wo man die einzelnen Ämter »ganzheitlich zu organisieren«, d. h., für jeden Vorgang die abschließende Behandlung in eine einzige Hand zu legen versucht. Die zu erwartenden Folgen sind nicht nur eine größere Zufriedenheit der Verwaltungs-»Kunden« und der Mitarbeiter mit ihrer Aufgabe selbst, sondern erhebliche Einsparungen. Behörden, in denen der Bürger nur einen Punkt anlaufen muß, um seine Anliegen, die verschiedene Ämter betreffen, vorzubringen, heißen bei uns inzwischen nach amerikanischem Vorbild »One-Stop-Agencies«, ohne daß es allerdings derzeit in Deutschland schon eine nennenswerte Anzahl derartig organisierter Ämter gäbe.

In Verwaltungen, in denen hauptsächlich Einzelentscheidungen, vor allem im Personalbereich, zu treffen sind – wie in einer wegen der Gesetzeslage weitgehend zentralisierten Hochschulverwaltung –, ist es schwerer, ein solches Modell zu verwirklichen. Es kann aber in allen Fällen mit Erfolg praktiziert werden, in denen es sich um komplexe Vorgänge handelt, wie z. B. die Vorbereitung und Durchführung des Bezugs eines sanierten Gebäudes, wobei Raumplanung, Betriebstechnik, Beschaffung und die betroffenen wissenschaftlichen Einrichtungen zusammenwirken müssen. Für den Erfolg solcher Organisationsmodelle ist allerdings Voraussetzung, daß einem Verantwortlichen Befugnisse übertragen werden, die es erlauben, die erforderlichen Entscheidungen an Ort und Stelle zu treffen. Dafür gibt es in Leipzig seit alters den Begriff des »Hut-Mannes«, also dessen, »der den Hut aufhat«. Das spielt auf die Geschichte der Universität an, deren Rektor seit dem Mittelalter bis weit in das 19. Jahrhundert hinein von Angesicht vielen unbekannt war, weil er jedes Semester wechselte. Man konnte ihn aber daran erkennen, daß er den Rektor-Hut aufhatte.

»Kontrolle ist gut – Vertrauen ist besser« oder Am Gesetzeszweck orientiertes Ermessen

Immer wieder kommt es vor, daß bei der Ermittlung der Gehälter des öffentlichen Dienstes Fehler begangen werden, einmal zugunsten, einmal zu Lasten der Beschäftigten. Hat der Beamte zuviel Gehalt bekommen, muß er – gerechterweise – den überschießenden Betrag zurückzahlen. Allerdings wurden dann für den zu hohen Betrag Steuern einbehalten. Die Vorschriften sehen die Rückzahlung des falschen Bruttobetrages vor – die Besoldungsstelle ist nicht ermächtigt, eine Rückrechnung vorzunehmen und nur den zuviel ausgezahlten Nettobetrag zu verlangen. Die Folgen sind nahezu zwangsläufig: Der Betroffene geht zum Verwaltungsgericht. Er bekommt mit großer Wahrscheinlichkeit in der zweiten, mit sehr großer Sicherheit aber in der dritten Instanz, also beim Bundesverwaltungsgericht, recht. Das läßt für den Staat nicht nur

Kosten für die Inanspruchnahme der Justiz entstehen, sondern hat auch die Folge, daß die Vorschriften perfektioniert, d. h. umständlicher werden. Denn wenn ein oberstes Gericht gesprochen hat, besteht ja die Pflicht, die gerichtliche Auffassung zu generalisieren. Wie wird man damit fertig? Man braucht neue, verfeinerte EDV-Programme und noch mehr Personal zur Überprüfung und Realisierung der neuen Vorschriften. Da es bei diesem Beispiel um eine Schnittstelle zwischen den Gehaltsabrechnungen und der Praxis des Abzugsverfahrens für die Lohnsteuer geht, wird das zu erwartende Urteil der letzten Instanz wieder eine ganze Reihe Beamte in Tätigkeit setzen, die die entsprechenden Änderungen der Vorschriften auszuarbeiten, und Tausende weitere, die für ihre Umsetzung zu sorgen haben.

Nun könnte man gegen das aufgeführte Beispiel einwenden, die Sache sei doch über die jährliche Ermittlung der Einkommensteuer ausgleichbar, so daß der behauptete Effekt der Rückforderung im Ergebnis nicht eintreten würde. Ganz abgesehen davon, daß dies keineswegs eine zwangsläufige Folge ist, kommt es hier auch gar nicht auf das Ergebnis an, das möglicherweise zur Herstellung der »gerechten« Lage führt, sondern auf die Belastung der Staatsverwaltung, die allein daraus resultiert, daß das System unserer Vorschriften wegen der mangelhaften Ermächtigung der Verwaltung, offensichtlich ungerechte Ergebnisse durch sinnvollen Gebrauch der Vorschriften und daher gegebenenfalls auch ein Abweichen vom positiven Recht zu vermeiden, immer wieder unsinnige Aufblähung der Bürokratie bewirkt.

Ein zweites Beispiel macht dies noch deutlicher: Ein Beamter hat seit Beginn des Jahres 1994 anderthalb Jahre lang ebenfalls ein falsch berechnetes, diesmal aber zu geringes Gehalt bezogen. Nach Aufdeckung des Fehlers wird er in der Regel keine Schwierigkeiten haben, den ihm zustehenden Betrag nachgezahlt zu erhalten. Allerdings wird ihm das Steuerrecht sofort die Freude darüber vergällen: Denn nun behält derselbe Staat, der sich auf Kosten seines Beamten anderthalb Jahr lang praktisch ein zinsloses Darlehen genehmigt hat, die Steuern – die mit dem Einkommen progressiv steigen – für ein wesentlich höheres Einkommen ein, sie werden ja erst im Monat der Nachzahlung berechnet. Und selbst wenn der Beamte dafür in den vergangenen Jahren niedrigere Steuern bezahlt hat – seit 1995 kommt der Solidaritätszuschlag dazu, der dem Staat bei rechtzeitiger Erfüllung seiner Pflichten gegenüber seinem Bediensteten nicht zugestanden hätte. Daß dies zum Verdruß der Staatsdiener und zu einer entsprechend geringeren Arbeitsmotivation führt, ist nur die eine Seite der Medaille. Der bereits geschilderte Weg der Inanspruchnahme der Gerichte – mit allen dargestellten Folgen – ist in solchen Fällen nahezu zwangsläufig.

Was würde es demgegenüber bedeuten, den Leitern der zuständigen Ämter die Berechtigung einzuräumen, offensichtlich am Gedanken der Gerechtigkeit vorbeizielende Staatsbetätigung in eigener Verantwortung auszugleichen? Wir brauchten weniger Behörden und Beamte, die Bürger wären mit »ihrer« Verwaltung zufriedener und – nicht zu vergessen – die Staatsbediensteten bei ihrer Tätigkeit auch.

Diese einfache Lösung kann man ohne viele neue Vorschriften schaffen. Jedes Gesetz müßte in einer Präambel
nüchtern den Gesetzeszweck beschreiben und den
Behörden die Vollmacht einräumen, vom Wortlaut der
Vorschriften abzuweichen, wenn diese Absicht sonst verfehlt würde. *Nicht mehr vorsorgende Kontrolle, sondern
ein gewisses Maß an Vertrauen in die Beamtenschaft muß
Grundmotiv für die Rückgewinnung von Leistungsfähigkeit im öffentlichen Dienst sein.*

Dafür spricht vor allem, daß die Zahl der Angehörigen
des höheren Dienstes, also der Beschäftigten, die ein Uni-
versitätsstudium absolviert haben, sich seit dem Entstehen
der Bundesrepublik Deutschland ungefähr vervierfacht
hat. Jeder dieser gutausgebildeten Verwalter hat folglich
im gleichen Zeitraum drei Viertel der Befugnisse seiner
Vorgänger eingebüßt. Weil aber gerade die so ausgebildeten Beamten sich wegen mangelnder Entscheidungsbefugnisse ständig unterfordert fühlen, streben sie nach
einer Ausweitung ihrer Kompetenzen, was wegen des
Umstandes, daß dieses Fell bereits verteilt ist, die Tenden-
zen zur Ausdehnung der Staatstätigkeit durch immer neue
Vorschriften kräftig fördert.

Die hier vorgeschlagene Ausweitung der Entscheidungsbefugnisse beseitigt zunächst einmal das Streben
nach Erweiterung des Umfanges der einer Behörde übertragenen Aufgaben. Natürlich werden in der täglichen
Verwaltungspraxis Fehler und in gewissem Umfang auch
Mißbrauch nicht ausbleiben. Wie es aber leichter zu
ertragen ist, daß irgendwo auch Unkraut wächst, als daß
jede Vegetation durch mechanische oder chemische Mit-

tel verhindert wird, so müssen solche Fehlentwicklungen in Kauf genommen und durch nachträgliche Kontrollen in Schach gehalten werden. Alles andere läuft darauf hinaus, das gesamte Volk, aber ganz besonders auch die zur Wahrnehmung solcher Vollmachten speziell und teuer ausgebildeten leitenden Beamten rein vorsorglich erst einmal zu entmündigen.

Im übrigen ist festzuhalten, daß es dem gegenwärtig praktizierten Verfahren ja ebenfalls keineswegs gelingt, durch vorsorgende Regelungen Fehler und Mißbrauch zu vermeiden. Da die Politik immer noch glaubt, bei Fehlentwicklungen eben durch noch mehr Vorschriften und vorsorgende Kontrollinstanzen eingreifen zu müssen, dreht sie nach wie vor an der Bürokratisierungsschraube. Es wird Zeit, daß Politik und Öffentlichkeit begreifen, daß das Leben immer bunter ist, als es sich der Gesetzgeber träumen läßt, und daß er sich daher auf das Wesentliche beschränken muß.

Das Zuviel an Staat oder Abbau der »mittleren Ebenen«

Der an den Beispielen aufgezeigte Ablauf macht aber auch die These plausibel, daß allein durch eine vernünftigere Organisation und umfassende Entscheidungskompetenzen an den richtigen Stellen auf einen beachtlichen Teil des mittleren Personals in der Staatsverwaltung verzichtet werden könnte. Oben wurde bereits darauf hingewiesen, welche Veränderungen auf diesem Gebiet inzwischen in der Organisation von Wirtschaftsunternehmen stattfinden.

Dort hat man das dafür verantwortliche Problem bereits vor geraumer Zeit erkannt und ist erfolgreich dabei, die große Zahl der Entscheidungsinstanzen rigoros wegzustreichen. Denn es gibt bei nahezu jeder Produktion ein verblüffendes Phänomen: Zu lange Herstellungszeiten weisen durchgängig auf zu lange »Liegezeiten« hin. Diese aber stehen in einem ursächlichen Zusammenhang mit der Zahl der Stationen, die ein Auftrag zu durchlaufen hat. Die konkrete Bearbeitungszeit eines Werkstücks kann daher in der industriellen Produktion gelegentlich nur fünf Prozent der Gesamtbearbeitungszeit eines Auftrags ausmachen. Während weder die Leitungsebene noch die unmittelbar an der Werkbank mit der Herstellung beschäftigten Mitarbeiter darin Probleme sehen, die Liegezeiten zu verkürzen, werden auf der Ebene des mittleren Managements tausenderlei Einwände gemacht und Hindernisse zur Beseitigung dieses Mißstands aufgetürmt.

Wo man sich darüber hinwegsetzt und es wagt, die Zahl der Entscheidungsebenen drastisch zu reduzieren, kann man die davon ausgehenden Rationalisierungseffekte sofort und unmittelbar sehen und die wirtschaftlichen Ergebnisse der Unternehmen drastisch steigern. Ein Unternehmen, das einen derartigen Schritt wagte und die Aufbauorganisation von sieben auf vier Ebenen verringerte, konnte seine Produktivität binnen neun Monaten um 66 Prozent steigern – mit der Folge, daß im gleichen Zeitraum die Einschätzung der Termintreue des Unternehmens, die durch Befragungen seit langem gemessen wurde, bei den Kunden vom achten auf den zweiten Platz aller Mitbewerber anstieg.[11]

Zu diesen Ergebnissen gibt es zunächst ganz erstaunlich anmutende Parallelen in der öffentlichen Verwaltung. Das ist aber keineswegs so überraschend, wie es auf den ersten Blick scheinen mag, denn dahinter verbergen sich die gleichen Erscheinungen. Auch in der öffentlichen Verwaltung ist es die für viele Sachgebiete überflüssige mittlere Ebene, die der Lösung der Probleme im Wege steht. Die oben angeführten Beispiele aus der Staatshochbauverwaltung belegen dies. Wäre sie »vor Ort« ermächtigt, die jeweils erforderlichen und sinnvollen Entschlüsse zu fassen, und hätte sie nicht für nahezu alles und jedes die Entscheidung der – in der Sache völlig überflüssigen – Oberfinanzdirektion einzuholen, wären viele der heute zu beklagenden Unzuträglichkeiten und eine erhebliche Mittelvergeudung durch die öffentliche Hand zu vermeiden.

Daß es auf diesem Gebiet nicht zu noch schlimmeren Verhältnissen kommt, liegt ausschließlich an dem vorbildlichen Arbeitseinsatz der Bediensteten der Bauämter. Die in diesem Buch ausgesprochene Kritik betrifft eben gerade nicht den Arbeitseinsatz »an der Verwaltungsfront«. Die Bauverantwortlichen behandeln oft genug die von ihnen betreuten Vorhaben wie »ihre Kinder«, die sie lieben. Um es nochmals zu betonen: Es geht hier nicht um Mißbilligung der Mitarbeiter der jeweils zuständigen Ämter, sondern um die Aufdeckung unsinniger Organisationsformen und Kompetenzzuweisungen.

8. Konkrete Konsequenzen

> Der immer deutlicher und drängender werdende Wettbe-
> werb der Systeme wird dafür sorgen, daß auch unser Staat
> aus seiner Lethargie erwacht.
>
> REINHARD MOHN

Man kann es höchstwahrscheinlich nicht oft genug wiederholen: Wir bekommen die politischen und sozialen Probleme unserer Tage offenbar deshalb nicht in den Griff, weil wir sie nicht deutlich genug formulieren und darauf achten, daß ihre Benennung stimmt. Unordentlicher Umgang mit der Sprache verhindert – schon, weil wir nun einmal nur in Begriffen denken können – die Offenlegung der Ursachen von Fehlentwicklungen. Wie sollen wir dann aber zu rationalen Lösungen finden können?

Zur Gesundung des Hochschulsystems

Ein besonders eindrucksvolles Beispiel liefert in diesem Zusammenhang – ausgerechnet – die Bildungs- und Wissenschaftspolitik. Obwohl seit Jahrzehnten darauf aufmerksam gemacht wird, daß die Frage der Bildungschancen mit dem Bildungssystem nur recht wenig zu tun hat, sondern ein Thema der Sozialpolitik ist, wird dies nach wie vor im politischen Raum nicht zur Kenntnis genommen. Man kann es mit Thomas Straubhaar und Manfred Winz kurz und bündig sagen: »Die Vorstellung, daß staat-

liche Bildungsfinanzierung und staatliches Bildungsange-
bot notwendig sind, um soziale Ungerechtigkeiten zu beseitigen und Chancengleichheit zu erreichen, ist schlicht
und einfach falsch.«[12]

Die Gründe dafür liegen nach über 30 Jahren der auf
diesem Irrtum beruhenden praktischen Politik auf der
Hand: Diejenigen, die sich auch in Zeiten, in denen Studiengebühren erhoben wurden (das war bis zum Jahr
1965 der Fall), ein Studium leisten konnten, nahmen an
dem sozialen Umverteilungseffekt, den dies bewirkte,
teil, ohne daß es dafür irgendeinen Grund gab. Die Einführung der allgemeinen Studienförderung nach dem
»Honnefer Modell« Ende der fünfziger Jahre, das später
vom »Bundesausbildungsförderungsgesetz (BAföG)« ab-
gelöst wurde, ging zwar von »Bedürftigkeit« als wesentlicher Förderungsvoraussetzung aus. Diese Regelungen
haben aber keine generelle Chancengleichheit hergestellt, weil die Höhe der Stipendienbeträge die Lebenshal-
tungskosten nur teilweise abdeckt, so daß die Geförder-
ten – Zuschüsse der Eltern sind wegen der Abhängigkeit
der Ausbildungsförderung von deren Einkommen in nen-
nenswertem Umfang geradezu ausgeschlossen – studien-
begleitend zur »Werkarbeit« gezwungen sind, was zwar
sicher der Persönlichkeitsbildung nicht abträglich ist, die
Lasten aber insofern sozial ungerecht verteilt, als nur die
Empfänger der staatlichen Ausbildungsförderung an die
inzwischen erlassenen Regelstudienzeiten gebunden
werden: Überschreitung dieser Fristen bringt den Aus-
schluß von der Förderung mit sich, mit der Folge, daß entweder der besonders anstrengende Studienabschluß

unter dem zusätzlichen Druck der gleichzeitigen Berufstätigkeit zur Bestreitung des Lebensunterhalts steht oder
daß das Studium erfolglos abgebrochen wird.

Es geht hier nicht um die Bewertung der Frage, ob
jemand, der staatliche Unterstützung für sein Studium in
Anspruch nimmt, nicht auch gezwungen werden darf, es
in vertretbarer Zeit abzuschließen. Hier geht es vielmehr
um die Klarstellung, daß das geltende Förderungsverfahren nicht zur sozialen Gleichheit beiträgt und es gerade
den Kindern entsprechend finanziell besser Gestellter
erlaubt, die teuren staatlichen Bildungsangebote stärker
und länger in Anspruch zu nehmen. Mit einer Verbesserung der Effizienz der Hochschulen hat diese Politik
nichts zu tun.

Trotz der Mahnungen maßgeblicher Wirtschaftswissenschaftler sind die Hochschulen nicht in der Lage, eine
preiswerte Ausbildung qualifizierter akademischer Führungskräfte zu bieten, weil sich alle bisherigen Ansätze zu
den dafür erforderlichen Reformen in bürokratischen
Regelungsversuchen erschöpfen. Dieser Weg mußte in
die Irre führen.

Also sollte man es einmal mit dem schon lange erörterten Weg versuchen, durch die Art der Wissenschaftsfinanzierung Anreize zu kurzen und guten Ausbildungswegen
zu schaffen. Nicht die direkte bürokratische Kontrolle bietet die Lösung, sondern ein System indirekter Kontrollen,
in dem die Nutzer entscheiden, wer die für die Lehre
bestimmten staatlichen Aufwendungen erhält. Das bedeutet zuerst: Man muß den Wettbewerb um die beste
Ausbildungsstätte durch ein Verfahren erzwingen, das die

bürokratische Kontrolle der Universitäten durch Anbieter-
und Nachfragermacht ersetzt.

Das setzt voraus, daß die sozialen Fragen des Studien-
zugangs als sozialpolitische Aufgabe außerhalb des
Bildungswesens im Sinne der Chancengleichheit gelöst
werden, nicht nur durch einkommens- und vermögens-
abhängige Stipendien, sondern auch durch ein System
von *Bildungsgutscheinen,* die die erforderliche Nachfrage
nach Bildungsangeboten auslösen und befriedigen. Ob es
gerechtfertigt ist, daß der Staat sich diese Gutscheine später einkommensabhängig zurückzahlen läßt, muß sicher
sorgfältig überlegt werden. Gegen diese Forderung spricht
zum einen das deutsche Steuersystem, das demjenigen,
der ein höheres Einkommen erzielt, nicht nur proportio-
nal, sondern progressiv steigend höhere Steuerbeträge
abverlangt, weshalb man davon ausgehen kann, daß der
mit einer solchen »Akademikersteuer« verfolgte Zweck
bereits im jetzigen Steuersystem erreicht wird. Andererseits verbringt der künftige Akademiker auch im Interesse
der Gesellschaft wesentlich längere Zeit seines Lebens
einkommenslos im Bildungswesen, er investiert – im wesentlichen durch Konsumverzicht – damit also nicht nur
zugunsten seines eigenen späteren Einkommens, sondern
auch in die geistige Infrastruktur des Landes. Man kann
darüber streiten, ob ihm deshalb nicht letztlich auch der
Anspruch auf ein insgesamt höheres Lebenszeiteinkom-
men zusteht.

Aber das sind wirklich eher nachrangige Fragen, die im
politischen Raum auch unterschiedliche Bewertung erfahren können.

Umgekehrt muß die absurde Fiktion aus der Welt geschafft werden, durch bürokratische Steuerung ließe sich sicherstellen, daß die Absolventen aller noch so unterschiedlichen Gymnasien des Landes zur Aufnahme eines wissenschaftlichen Studiums gleich welcher Fachrichtung qualifiziert seien. Was die Kultusministerkonferenz auf diesem Gebiet seit Jahren immer wieder und zuletzt Ende Oktober 1996 an absurden Regelungen beschlossen hat, ist ohne jeden Kommentar geeignet, als abendfüllendes Kabarettprogramm zu dienen. Was immer wir künftig noch an Zumutungen aus diesem Bereich der Politik zu erwarten haben: Eine Lösung wird es nur geben, wenn es endlich in die Hand der Universitäten gelegt wird, sich ihre Studenten selbst auszuwählen und denen Studienangebote zu machen, die sie für geeignet halten, eine wissenschaftliche Ausbildung mit Erfolg zu bestreiten.

Diese Aufgabe bei den Gymnasien zu belassen bedeutet, die unerträgliche bürokratische Regulierung dieses Systems fortzusetzen. Durch die gegenwärtige Methode der Vergabe von Studienberechtigungen bleibt die »pädagogische Provinz« vor den rauhen Winden der gesellschaftlichen Realität beschützt und muß weiterhin keine Konkurrenz befürchten. Nur: Der Numerus clausus der Berufschancen ist absolut. Und eine Schule tut ihren Absolventen keinen Gefallen, wenn sie sie nicht unter realistischen Bedingungen zu hohen Leistungen anspornt. Förderung durch die Schule – gewiß. Aber es gibt gerade in der Demokratie keine gerechtere Art der Auslese als die durch nachgewiesene Leistung.

Beschränkt sich der Staat auf die direkte Finanzierung einiger Grundaufgaben, die die Universitäten in die Lage versetzen, sich auf dem Markt erfolgreich um Forschungsmittel und Studierende zu bemühen, können weite Bereiche der heutigen Bürokratie in Ministerien und Hochschulverwaltung eingespart werden. Und ist der Staat darüber hinaus bereit, den Hochschulen die Freiheit einzuräumen, ihre Organisation selbst zu bestimmen, kann er sicher sein, daß er mit der Finanzierung der dann wesentlich leistungsfähigeren Hochschulen signifikant geringere Probleme hat.

Ein weiteres Ärgernis, mit dem sich die Hochschulen seit der Mitte der sechziger Jahre herumschlagen, wäre mit Hilfe einer von den Lehrleistungen abhängigen Finanzierung aus der Welt zu schaffen. Bis zur Beseitigung der Studiengebühren spielte die Frage des Umfangs der professoralen Lehraufgaben in der Diskussion allenfalls insoweit eine Rolle, als es unter den Hochschullehrern scharfe Konkurrenz um die Übernahme von Lehrveranstaltungen und dabei besonders um die lukrativen Großvorlesungen gab, da ihnen dafür die Hörergelder zuflossen. Angeblich, um Verwaltungsvereinfachung zu erreichen, in Wahrheit aber, weil sich die Politik nicht direkt an Regelungen heranwagte, die eine sachgerechte Verteilung der Lehraufgaben unter den Hochschullehrern der verschiedenen Kategorien bewirkt hätten, wurden die Hörergelder als »Einkommensbestandteile« pauschaliert und in die Gehaltstabellen eingerechnet. Seither versuchen die Hochschullehrer – marktkonform – die Belastungen in der Lehre so gering wie möglich zu halten. Das Unwort, das seit Ende der sechziger Jahre dafür durch die Universitäten schallt, heißt »Lehrdeputat« und meint die Zahl der Wochenstunden, die ein Professor, Dozent oder Lehrer im Hochschuldienst mindestens unterrichten muß. Es gibt inzwischen – natürlich unter Verwendung Tausender von Arbeitsstunden in akademischer Selbstverwaltung, Hochschul- und Ministerialbürokratie – ein ausgefeiltes System der Berechnung solcher Deputate, weil jede Art der Unterrichtsveranstaltung natürlich einen anderen Belastungsgrad für den Hochschullehrer mit sich bringt und weil z. B. die Wahrnehmung von Ämtern in der akademischen Selbstverwaltung in gewissem Umfang zur »Abminderung« des Lehrdeputats berechtigt.

In der Politik wird wiederum mit bürokratischen Mitteln versucht, die Lehrleistungen der Professoren zu erhöhen: durch die Forderung nach einem höheren Lehrdeputat. Außerdem wird erneut der Versuch gemacht, auch die Einsatzbereitschaft der Hochschullehrer durch »Leistungszulagen« zu erhöhen. Dazu sollen die Leistungen in der Lehre kontinuierlich evaluiert, sollen Parameter für »gute Lehre« entwickelt und Studentenbefragungen vorgenommen werden.

Den naheliegenden Weg, diesen ganzen bürokratischen Unfug zu beseitigen und durch die Gewährung von Hörergeldern, die aus den vorgeschlagenen Bildungsgutscheinen finanziert werden, zu ersetzen, verfolgt in der Politik niemand.

Im Jahr 1964 baten im Bundskulturausschuß der CDU deren hessische Landtagsabgeordnete angesichts der

Absicht der mit absoluter Mehrheit regierenden SPD ihres Landes, ein Hochschulgesetz zu erlassen, auch die CDU möge sich doch einmal auf Grundsätze für eine solche Gesetzgebung verständigen. Nach zwei ergebnislosen Sitzungen unternahmen die Vertreter Hessens einen dritten Anlauf. Nach mehreren Stunden Diskussion über den wünschenswerten Inhalt eines Hochschulgesetzes meldete sich der frühere nordrhein-westfälische Kultusminister Werner Schütz zu Wort und erklärte: »Bisher gibt es in Deutschland keine Hochschulgesetze. Unsere Universitäten befinden sich derzeit in einem Veränderungsprozeß, der es niemandem erlaubt vorherzusagen, wie die künftige Gestalt der Hochschulen sein wird. Angesichts dieses Umstands Gesetze zu erlassen ist nicht nur töricht, sondern auch gefährlich und kann uns unsere Zukunft verbauen. Da ich weiß, daß Sie anders beschließen werden: Dixi et salvavi animam meam.«

Inzwischen können wir das Ergebnis von 30 Jahren Hochschulgesetzgebung in Deutschland beurteilen. Die künftige Gestalt der Universität kennen wir immer noch nicht. Wir wissen nur, daß ihre Blüte, die sie im 19. Jahrhundert in der ganzen wissenschaftlichen Welt zum beneideten Vorbild werden ließ, nicht zurückgekehrt ist, daß sie sich mit Überlast und Finanzsorgen, mit langen Ausbildungszeiten für ihre Studenten und mäßigem Erfolg in der Forschung dahinschleppt. Niemand wird behaupten wollen, die deutsche Universität motiviere die fähigsten Köpfe des Landes zu einer Hochschullehrerlaufbahn. Im Gegenteil: Wie die Statistik beweist, wird die Habilitation – als Voraussetzung einer Berufung zum Professor –

von immer weniger jungen Leuten angestrebt. Wer es tut, tut es nicht wegen, sondern trotz der Verhältnisse an den Hochschulen.

Müßten wir nicht angesichts dieses Befundes alle Hochschulgesetz schnellstens aufheben und sie – wie es vorher war – durch Grundordnungen ersetzen, für die es außer der Zustimmung der Hochschulgremien als Rechtsgrundlage lediglich der ministeriellen Genehmigung bedürfte? Und müßte nicht diese Grundordnung die Freiheit zurückbringen, sich auf dem Markt zu behaupten?

Wege zur Finanzierung der Krankheitskosten

Es hat keinen Zweck, daß wir uns vorlügen, die Kosten für die Behandlung von Krankheiten ließen sich durch eine bessere Organisation des Gesundheitswesens zurückdrängen und auf Dauer auf einem niedrigeren Niveau festschreiben: Die moderne Medizin ist nun einmal aufwendiger als die früheren Behandlungsmethoden. Sie kostet erheblich mehr. Wir müssen uns deshalb daran gewöhnen, daß der Anteil der Ausgaben für die medizinische Betreuung am Gesamtaufwand für unsere private Lebensführung weiter steigt. Da die Gesundheit unter den Wünschen der Menschen an erster Stelle rangiert, ist zu erwarten, daß sie auch bereit sind, die Preise dafür zu bezahlen – wenn sie nur in die Lage versetzt werden, das Zustandekommen der Behandlungskosten zu durchschauen und zu beurteilen, wozu die ihnen abverlangten Beträge erforderlich sind.

Mit Hilfe bürokratischer Steuerungsmethoden wird dieses Ziel zweifellos nicht erreicht werden. Die maximalen Umsätze der Ärzte, Apotheken, Krankenhäuser und Pharmaunternehmen gesetzlich festzulegen, sie »einzufrieren« und sie mit Hilfe der so zustande gekommenen »gedeckelten Budgets« zu begrenzen hat zweierlei zur Folge: Einmal wird der Arzt in eine Situation gedrängt, die ihm abverlangt, die ärztlichen Möglichkeiten zur Linderung von Leiden oder zur Verlängerung von Leben unter wirtschaftlichen Gesichtspunkten zu begrenzen. Das wird die »seelisch robusten« Angehörigen dieses Berufsstandes nicht weiter stören; die sensiblen und sich ihrer Verantwortung besonders bewußten Ärzte werden jedoch auf diese Weise einem Konkurrenzkampf ausgesetzt, den sie wegen ihrer moralischen Haltung nicht bestehen können. Da die Zahl der niedergelassenen Ärzte aber viel zu groß ist, drängt die bürokratische »Deckelung« der Kosten – das ist deren zweite Folge – gerade diejenigen aus dem »Markt«, die ihren Beruf als Dienst am Kranken verstehen. Wer auf dem von der Politik beschrittenen Weg die Rückdrängung von Kosten bewirken will – nämlich vermuteten oder tatsächlichen Mißbrauch zu verhindern –, schafft und fördert ihn auf diese Weise erst.

Wenn es aber zutrifft, daß die moderne Medizin teurer ist als ihre Vorgängerinnen, dann wird es noch viel notwendiger, endlich die Risiken hoher Kosten für die Behandlung ernsthafter und schwerer Erkrankungen vom reinen »Gesundheitskonsum« abzukoppeln. Wenn der Begriff »Versicherung« im medizinischen Betrieb noch irgendeinen Sinn haben soll, dann muß er bedeuten, daß alles das ausgenommen wird, was als zumutbare Konsumausgabe nicht versichert sein muß.

Im Herbst 1996 scheint dies endlich auch den verantwortlichen Politikern klargeworden zu sein. Die diskutierten Änderungen der einschlägigen Vorschriften sehen auf den ersten Blick so aus, als gehe es um die verlangte Unterscheidung von Risikovorsorge und Konsumverhalten. Wenn dies aber in der Praxis darauf hinausläuft, daß bestimmte, vom Gesetzgeber definierte medizinische Hilfsmittel nicht mehr von den Versicherungsleistungen der Krankenkassen umfaßt werden, wenn durch neue Pauschalregelungen Leistungen wie z. B. Kuren für die gesundheitliche Rehabilitation schematisch um eine Woche gekürzt werden, ohne daß die Frage, ob dies medizinisch Sinn hat, auch nur in Erwägung gezogen wird, dann wird wieder nur bürokratisch gesteuert, und dann ist es kein Wunder, wenn die Versicherten versuchen, sich für die viel zu hohen Krankenkassenbeiträge Äquivalente durch die möglichst vollkommene Ausschöpfung aller angebotenen Leistungen zu verschaffen. Die Folge sind notwendigerweise weitere Eingriffe in den Leistungsumfang der Kassen, was wiederum ein noch intensiveres Bemühen ihrer Mitglieder zu umfassender Inanspruchnahme der medizinischen Dienstleistungen auslöst. Dies schafft die Notwendigkeit zu besserer Kontrolle, also zu mehr Bürokraten, die das System überwachen und steuern. Das aber steigert die Kosten und damit die Beiträge. Die Leistungen müssen weiter eingeschränkt werden – eine Spirale ohne Ende.

Um die Kostenspirale bei der Krankenversorgung zum Stillstand zu bringen, gibt es nur ein einziges Mittel: die Mobilisierung der Marktkräfte. Dies wird nicht dadurch gelingen, daß bestimmte, konkrete Leistungen von der Übernahme durch die Krankenkassen ausgeschlossen oder – wie die Neuregelungen für Heilkuren vorsehen – schematisch gekürzt werden, sondern dadurch, daß ein bestimmter Betrag der Kosten prinzipiell von den Versicherten selbst zu bezahlen ist.

Akzeptieren wird man einen solchen Eingriff in die »sozialen Besitzstände« allerdings nur dann, wenn mit dieser Neuerung zugleich eine merkliche Senkung der Beiträge einhergeht. Das könnte etwa so aussehen: In einem ersten Schritt werden die Beiträge zur Krankenversicherung um 50 Mark im Monat gesenkt, und jeder Versicherte zahlt seine Arzt- und Medikamentenkosten bis zur Höhe von 600 Mark im Jahr selbst. Dadurch würde nicht nur der Bagatellkram von den Kassen ferngehalten, deren Bürokratien auf diese Weise signifikant verringert werden könnten. Ein solches Verfahren böte auch – besonders wenn man es in weiteren Stufen auf höhere Beträge ausdehnen könnte – Anreize zu einer besseren Lebensweise: Wer gesünder lebt und deshalb Arzt und Medikamente weniger benötigt, hätte auch etwas davon.

9. Eine neue Rechtskultur

> Wie ungerecht ein Mensch auch immer ist, so vermag er doch meist einzusehen, daß ihm das Recht nützen kann, und wenn er es bekommen kann, bedient er sich dessen mit Fleiß. Doch verdrießt ihn das Recht und dünkt ihm kein gutes Recht, wenn er Nachteile davon hat. Dieses nimmt man überhaupt nur ungern wahr. Doch Recht, das allen Leuten in gleicher Weise gut gefällt, das vermag keiner zu lehren.
>
> EIKE VON REPGOW, SACHSENSPIEGEL UM 1224–31

Was wir bisher erörtert haben, läßt sich als unterschiedliche Ausprägung einer alle Bereiche des menschlichen Zusammenlebens durchziehenden Erscheinung zusammenfassen: Es geht um das Recht, genauer: die Regeln, nach denen sich das Leben in der Gemeinschaft vollzieht. Der Satz »Fiat iustitia, et pereat mundus« geht auf Kaiser Ferdinand I. in der Mitte des 16. Jahrhunderts zurück. Von ihm berichtet eine zeitgenössische Chronik: »Es war ihm auch diese Rede sehr gemein: ›Das Recht muß seinen Gang haben und sollte die Welt darüber zu Grunde gehen.‹« Dieser damals ohne jeden ironischen Unterton gewählte Wahlspruch[13] wirkt heutzutage allenfalls als satirischer Kommentar auf die pervertierten Auswüchse unseres »Rechtsmittelstaates«.

Dabei enthielt dieser Satz nicht nur in jenen frühen Jahren der sich emanzipierenden rechtsprechenden Gewalt einen sinnvollen Kern. Er bezeichnet immer noch einen Gedanken, den man nicht einfach vom Tisch wischen kann. Das geltende positive Recht ist nun einmal Voraussetzung der Möglichkeit des Zusammenlebens. Seine Mißachtung bringt Konsequenzen mit sich, die wir nicht wollen können, ohne den Bestand der Gemeinschaft zu gefährden. Wir gehen offenbar mit diesem Gut nur deshalb so oberflächlich um, weil die Forderung, das Recht als Voraussetzung des Gemeinschaftslebens zu respektieren, so entsetzlich mißbraucht wurde, als die Nationalsozialisten ihre Verbrechen mit Parolen wie »Du bist nichts, dein Volk ist alles!« verbrämten. Infolgedessen erscheint uns jeder Appell zum eigenen Opfer, der sich darauf stützt, daß wir alle auf die Gemeinschaft angewiesen sind und daher unseren Beitrag zu deren Fortexistenz zu leisten haben, unzulässig zu sein. Ein in dieser Hinsicht bestimmt nicht verdächtiger Arzt, der Medizin-Nobelpreisträger Werner Forßmann, stieß auf heftige Kritik, als er äußerte, sowohl der Arzt als auch der einzelne Patient habe es als Glied der Gemeinschaft zur Gewinnung weiterer medizinischer Kenntnisse und Entwicklung neuer Heilmethoden in Kauf zu nehmen, wenn die heute mögliche, das Sterben generell erheblich hinauszögernde medizinische Intensivbehandlung in seinem eigenen Fall erfolglos bleibe und für ihn mit erheblichem zusätzlichem Leiden verbunden sei.[14]

Dieses Beispiel, das eine ethische Grundfrage um Leben und Tod betrifft, läßt erkennen, wie elementar die Frage nach der Verpflichtungskraft des Rechtes ist. »Woher nimmt der Staat das Recht zu zwingen?« – diese ungelöste Frage der Rechtsphilosophie werden natürlich auch wir hier nicht beantworten können. Die Bemühungen, mit Hilfe des menschlichen Geistes materiale Gerechtigkeit zu definieren und herbeizuführen, werden erfolglos bleiben. Daher beschränken sich die maßgeblichen Rechtsphilosophen seit geraumer Zeit auf den Appell an den Gesetzgeber, bescheiden zu bleiben und sich darauf zu beschränken, seine Entscheidungen zwar »am Gedanken der Gerechtigkeit« zu orientieren, dies aber nicht mit der Gerechtigkeit selbst zu verwechseln.[15] Ist dies nicht die Parallele zu unserer Forderung an die Politik, nicht mehr in Ordnungen, sondern in Prozessen zu denken?

Nun stellen sich die vielen Schritte, die die Rechtsordnung seit ihren frühesten Tagen zu ihrem heutigen, so überaus verästelten und unübersichtlichen Stand geführt haben, in der Rückschau als ein sich Herausdifferenzieren von Forderungen der Gerechtigkeit dar. Knüpfte das gemeine Recht und der »Sachsenspiegel« die Sanktion noch unterschiedslos an den eingetretenen Schaden, stützten sie also die Verhängung von Strafen zunächst ausschließlich auf ein äußeres Verhalten und ein zu mißbilligendes Ergebnis, so entwickelte sich allmählich die Vorstellung, daß eine (mechanische) Tat auch vorwerfbar sein müsse: Nicht der Tod eines Menschen bewirkt Strafbarkeit, sondern die Frage, ob jemand den strafbaren Tatbestand mit Wissen und Wollen herbeigeführt hat. Von da aus war es allerdings immer noch ein weiter Weg bis zu unserer Auffassung, daß viele menschliche Verhaltensweisen zwar unzulässig, aber nicht unbedingt mit einem »Unwerturteil« verbunden sein sollen – mit der Folge der Aufspaltung der mit Sanktionen bewehrten Verbote in Straftaten und Ordnungswidrigkeiten. Der Gedanke der Gerechtigkeit verlangt von uns gebieterisch diese Differenzierung, wie ja überhaupt heutzutage die Rechtsordnung nur dann als gerecht empfunden wird, wenn sie erlaubt, besondere Bedingungen des Einzelfalles zu berücksichtigen.

Angesichts des Grades der Differenziertheit unserer Rechtsordnung und der dadurch ausgelösten sozialen Kosten entsteht nun aber der unausweichliche Imperativ, nicht nur auf deren weitere Perfektionierung durch das Eingehen auf immer weitere Feinheiten zu verzichten, sondern den Grad der Individualisierung des Rechts sogar zurückzudrängen. Was für das Strafrecht noch angehen und kraft der von ihm ausgehenden Möglichkeiten zu empfindlichen Eingriffen in die persönliche Lebensführung auch erforderlich sein mag, wird unerträglich im Bereich der Sozialpflichtigkeit des Eigentums und der Rechte, sich gegen Maßnahmen der – rechtsstaatlich und demokratisch legitimierten und daher die Gemeinschaft auch vertretenden – Verwaltung mit Hilfe der Rechtsordnung zur Wehr zu setzen. Das egoistische Pochen auf die Berücksichtigung der Interessen des Einzelfalles, die daraus folgende, völlig aus dem Ruder laufende Inanspruchnahme der Gerichte zur Durchsetzung von Einzelansprüchen gegen die Gemeinschaft und die sich daraus ergebende ständig fortschreitende Komplizierung des positiven Rechts verlangen gebieterisch nach Umkehr. Was gemeint ist, zeigt der Umstand, daß es in keinem anderen Land der Welt, bezogen auf die Einwohnerzahl, so viele Richter gibt wie bei uns, daß die Gerichte trotzdem völlig überlastet sind und die Prozesse nirgends auf der Welt so lange dauern.

Es geht im Grunde genommen um etwas ganz Einfaches, was das Verhältnis der Bürger zu Staat und Gesellschaft in den angelsächsischen Ländern prägt: um Common sense. Das auszusprechen, wagt keine Partei, kein um die Wählergunst besorgter Politiker in diesem Land. Jeder Versuch, »Besitzstände« einzuschränken – und sei er noch so harmlos, wie z. B. die Regelung über die Zeiten, an denen Ladengeschäfte geöffnet haben dürfen –, wird zum fundamentalen Angriff auf den Sozial- oder den Rechtsstaat hochstilisiert. Die öffentliche Diskussion über solche Fragen nimmt bei uns hysterische Ausmaße an. Wo es darum geht, die Konkurrenzfähigkeit unserer Wirtschaft dort wiederherzustellen, wo wir über unsere Verhältnisse leben, wird zu einem nur noch als neurotisch zu bewertenden »Kampf gegen Sozialabbau« aufgerufen.

Damit ist nicht gesagt, daß die Belastungen nur denen aufgebürdet werden sollten, die auf ihr Arbeitseinkommen angewiesen sind. Es ist kaum einleuchtend, warum die besonderen Erschwernisse, denen wir nach der Wiedervereinigung ausgesetzt waren, nicht auch von denen mitzutragen sind, die im Schutz der westlichen Freiheit und unter Inanspruchnahme erheblicher Steuerprivilegien nach dem Zweiten Weltkrieg private Vermögen aufhäufen konnten. Eine solche Pflicht gerade für diese Mitbürger, zum Aufbau der erforderlichen Infrastruktur in den neuen Bundesländern durch einen »zweiten Lastenausgleich« beizutragen, brächte ja angesichts der Langfristigkeit der dadurch gesicherten Finanzierung des »Aufbaus Ost« nicht nur die völlige Entlastung der öffentlichen Hand von diesen Aufgaben mit sich, sie würde auch die

Akzeptanz für die unvermeidlichen Begradigungen des »sozialen Netzes« erhöhen.

Es liegt auf der Hand, daß die gegenwärtigen Probleme der deutschen Volkswirtschaft mit ihrer bereits jetzt unerträglichen Arbeitslosigkeit allenfalls ein lindes Lüftchen im Verhältnis zu dem sind, was wir uns an Sturm einhandeln, wenn wir jetzt nicht bald umschalten. Wer sagt eigentlich unseren Arbeitern und Verwaltungsangestellten, daß ihr hoher Lebensstandard fast nur noch darauf beruht, daß wir in den Jahren seit der Mitte des 19. Jahrhunderts über besonders viele kluge und gut ausgebildete Ingenieure und andere Techniker verfügten, deren Leistungen sich aber angesichts der inzwischen auch anderswo verbreiteten Fähigkeiten in ständig wachsendem Tempo aufbrauchen? In Weihnachts- und Neujahrsansprachen taucht zwar inzwischen auch die Warnung von der durch die »Globalisierung der Weltwirtschaft« ausgelösten Konkurrenz auf. Was die Politik aber an Folgerungen daraus zu ziehen bereit ist, wirkt angesichts der praktischen Konsequenzen dieses Prozesses schlankweg lächerlich.

In seiner Rede zu den Problemen von Staat und Gesellschaft aus Anlaß der Einweihung des neuen Hotels Adlon in Berlin am 26. April 1997 gab Bundespräsident Roman Herzog auf die Frage, was mit unserem Land eigentlich los ist, die Antwort: »Der Verlust wirtschaftlicher Dynamik, die Erstarrung der Gesellschaft, eine unglaubliche mentale Depression – das sind die Stichworte der Krise. Sie bilden einen allgegenwärtigen Dreiklang, aber einen Dreiklang in Moll.« Was der Bundespräsident an Ursachen dafür ausmachte – fehlendes Selbstvertrauen, einen Modernisierungsstau aus Angst vor dem Neuen, hemmungslose Interessenvertretung und die Übermacht der »Bedenkenträger« –, all dies wurde in der Publizistik mit kräftigem und vielstimmigem »Sehr richtig!« quittiert. Die verantwortlichen Politiker, denen der Bundespräsident einen gehörigen Anteil der Schuld an dieser Situation zugesprochen hatte, beeilten sich, ihm recht zu geben – um die Fehler sofort den anderen zuzuschieben. »20 Jahre haben wir gebraucht, um den Ladenschluß zu reformieren. Die zentralen Herausforderungen unserer Zeit werden wir mit diesem Tempo ganz gewiß nicht bewältigen. Wer 100 Meter Anlauf nimmt, um dann zwei Meter weit zu springen, braucht gar nicht anzutreten.« Diese Feststellung wurde beklatscht – und wenige Wochen später ging das Gerangel um Lächerlichkeiten in der Gesetzgebung munter weiter. Und nicht einmal bei der von allen Seiten als besonders dringlich erklärten Steuerreform, die endlich die seit Jahrzehnten fällige Vereinfachung mit sich bringen sollte, kam es zu mehr als marginalen Veränderungen – die absurderweise sogar die Gefahr einer weiteren Komplizierung mit sich bringen.

10. Grundzüge eines Programms

> Unser Recht ist infolge der Maßlosigkeit der modernen
> Gesetzgebung zum Verzweifeln unsicher geworden – ein
> Hohn auf die Lehre des Rechtspositivismus, nach der die
> dem Gesetzgeber eingeräumte Omnipotenz gerade um
> der Rechtssicherheit willen erforderlich sein soll.
>
> Wenn es nicht nötig ist, ein Gesetz zu machen, ist es
> nötig, kein Gesetz zu machen.
>
> ARTHUR KAUFMANN

Was bisher erörtert wurde, ist zwar nicht von der Hand zu weisen – aber wie kann man erreichen, daß daraus Konsequenzen gezogen werden?

Bereits in den sechziger Jahren war dem Gesetzgeber aufgefallen, daß die Vorschriftenflut unübersichtlich geworden war. Das Bundesjustizministerium wurde daher ermächtigt, eine »Bereinigte Sammlung« des Bundesrechts herauszugeben. Und in den siebziger Jahren wurden in einzelnen Bundesländern Kommissionen zur Verwaltungsvereinfachung ins Leben gerufen. Beiden Bemühungen war kein länger dauernder Erfolg beschieden. Mit der verdienstvollen »Bereinigten Sammlung« arbeitet heute niemand mehr – sie wurde von der Springflut der sich ständig ausweitenden Gesetzesmaterie in gleicher Weise hinweggespült wie alle bisherigen Bemühungen um Verwaltungsvereinfachung, die jeweils nur marginale Besserung gebracht haben und kurze Zeit später von neuen Bürokratisierungswellen überrollt wurden.

Die Ursachen für das Scheitern dieser Anstrengungen

liegen in der Überzeugung, daß sich die Probleme des Zusammenlebens vor allem durch den Erlaß von Regelungen lösen lassen. Diese Auffassung stützt sich aber auf eine unreflektierte und daher wenig rationale Grundüberlegung über die Aufgaben des Staates.

Welche Aufgaben hat der Staat der Zukunft?

Die Frage, wie umfangreich das Betätigungsfeld des Staates sein soll, durchzieht die ganze Philosophiegeschichte. Auch unseren Bemühungen kann es nicht gelingen, eine abschließende Antwort darauf zu finden. Es geht daher auch hier nicht um eine definitiv-rationale Lösung, sondern um Grundüberzeugungen.

Die hier vertretene Ansicht läßt sich mit Anatole France folgendermaßen zusammenfassen: »Das Gesetz garantiert die Mittagspause, nicht aber das Mittagessen.« Damit ist nichts anderes gesagt, als was wir unter das Begriffspaar »Ordnungen und Prozesse« gefaßt haben: *Die Ordnung ist zwar Bedingung der Wohlfahrt. Ob sie aber entsteht, hängt von der aktiven Tätigkeit der Menschen ab.* Nicht das Glück selbst, d. h. möglichst umfangreiche materielle Versorgung hat der Staat zu garantieren, sondern die Voraussetzungen dafür, daß die Bürger in der Lage sind, von ihren Kräften Gebrauch zu machen und die ihnen jeweils erstrebenswert erscheinende Form des Lebens selbst zu gestalten. Nicht der betreute Mensch aus Platons Staat oder der Utopie des Thomas Morus und schon gar nicht der Proletarier des marxistischen Versuchs, den Sozialismus zu realisieren, sondern der mündige Bürger, der Voraussetzungen vorfindet, die die staatliche Betreuung seiner Lebensumstände nicht erforderlich machen, ist das Bild, von dem wir ausgehen und auf dem die folgende Darstellung eines Programmes fußt.

Daß dies mit der Frage nichts zu tun hat, wie Staat und Gesellschaft es mit den sozial Schwachen halten und daß gerade sie der Solidarität bedürfen, sei hier erneut betont: Die Vermischung dieser Frage mit der davon unabhängigen generellen Lage macht es so schwer, sich auf sinnvolle Lösungen zu verständigen. Vielleicht hilft der Hinweis weiter, daß das System der sozialen Sicherheit höchstens das verteilen kann, was die nicht auf soziale Umverteilung angewiesenen Mitbürger erwirtschaften.

An sich befinden wir uns in einer günstigen Ausgangslage. Denn Basis unseres Verfassungssystems ist die von Theodor Litt in seinem Werk »Individuum und Gemeinschaft« im Jahr 1926 begründete und über Rudolf Smend und Hermann Heller vermittelte *Vorstellung des Grundgesetzes der Bundesrepublik Deutschland als eines dynamischen Zusammenwirkens sozialer Kräfte.*[16]

Diese bereits mehrfach angesprochene Basis unseres Zusammenlebens läßt sich mit anderen Worten auch auf die Formel bringen, daß der Staat zwar die rechtlichen Sicherheiten für das menschliche Streben nach Glück bereitzustellen hat. Er kann aber weder das Glück selbst schaffen noch alle Bedingungen garantieren, die Voraussetzungen glücklichen Lebens sind. Mit Erich Kästner gesagt: »Leben ist immer lebensgefährlich« – und wenn es noch so viele Regeln gibt, die es schützen sollen.

Mit dieser Vorstellung besitzen wir aber auch ein theo-
retisches Rüstzeug, das weit über die bis dahin als vorbild-
liche Grundlegung der modernen Demokratie geltende
amerikanische Unabhängigkeitserklärung hinausreicht.
Zum Beispiel ist die aus solchen Überzeugungen entstan-
dene Wirtschaftsordnung der »sozialen Marktwirtschaft«
eben etwas völlig anderes als ein ungehemmtes privatkapi-
talistisches System oder gar der Aufruf zu unbegrenztem
Liberalismus, wie er die Gesellschaft der Vereinigten Staaten nach wie vor prägt.

Die Bindung der Wirtschaft an einen sozialen Ord-
nungsrahmen ist für Politik und Gesellschaftsordnung der
Bundesrepublik keineswegs folgenlos geblieben, wie ihre
Kritiker immer wieder behaupten: Das Soziale in unserer
Rechts- und Wirtschaftsordnung ist Bestandteil der Kon-
struktion des Bootes, in dem wir gemeinsam sitzen. Seine
Entfernung würde ein Leck schlagen, das es in schwerste
Seenot brächte. Wenn es daher heute darum geht, das im
Packeis der Regelungsflut festsitzende Schiff Deutschland
wieder flottzubekommen, dann ist es der völlig falsche
Weg, hauptsächlich »an der sozialen Schraube« zu drehen. Gewiß gibt es – wie an allen Stellen – auch hier Ver-
klemmungen und Rost. Versuche, diese Fehler zu behe-
ben, werden aber erst dann Aussicht auf Erfolg haben,
wenn die Bürger in ihrer großen Mehrheit davon überzeugt werden können, daß alle Teile der Gesellschaft
dabei »dynamisch zusammenwirken«.

Das aber heißt, daß die Bemühungen um die Moderni-
sierung unseres Staates sich nicht auf die wirtschaftlich
weniger gut Gestellten beschränken kann. Solange der

Verdacht besteht, der zwingend erforderliche Umbau auch der sozialen Verhältnisse solle allein auf dem Rücken dieser Gruppe erfolgen, wird dies den gesamten Staat blockierende negative Koalitionen schaffen, die – gleichgültig, worum es geht – jeden Rückschnitt der wuchernden Vorschriftenflut verhindern werden.

Als Ausweg bleibt dann aber nur, mit immer mehr Spezialregelungen wenigstens die allerdringlichsten Reparaturen doch noch zu versuchen. Die Auflösung komplexer Materien durch Spezialgesetze, die nur deshalb stattfindet, weil man dann wenigstens für Teilbereiche nicht mehr die Zustimmung der anderen Seite braucht, ist ein in Bundestag und Bundesrat unübersehbar geführter Beweis für diese Aussage.

Der Versuch aber, die sich zu ständig komplexeren Systemen entwickelnden Lebensverhältnisse mit Hilfe immer komplizierterer Regeln in den Griff zu bekommen, ist eindeutig gescheitert. Das Ausmaß der davon ausgegangenen Immobilität erlaubt es immer weniger, »das Mittagessen auch zu erarbeiten«.

Aus der Feststellung, daß jede Regelung die Handlungsfähigkeit einengt und damit das Überwiegen der »Ordnungen« über die »Prozesse« fördert, folgen die praktischen Schritte für den Gesetzgeber zwangsläufig (wobei es an den Rändern immer ein bestimmtes Maß von Unschärfe geben wird).

Welche Vorschriften brauchen wir wirklich?

Der erste Schritt muß in der Durchmusterung des geltenden Rechts an Hand der Frage bestehen, welche Vorschriften unerläßlich sind. Dabei können Tausende von
Gesetzen ausgesondert werden – alle nämlich, deren einziger Zweck es ist, die Bürger zu bevormunden.

Das Verfahren dieser Durchforstung und ihrer gesetzes-
technischen Umsetzung muß sich an dem »Beispiel Ludwig Erhard« orientieren: Nur was positiv benannt wurde,
gilt weiter. Alle übrigen Vorschriften landen ersatzlos im
Papierkorb.

Die fortbestehenden und alle neuen Gesetze müssen
eine Präambel erhalten, die ihren Zweck definiert. Sie
müssen außerdem mit Ermächtigungen und Verpflichtungen versehen werden, die es der Verwaltung möglich
machen, von ihrem Wortlaut abzuweichen, wenn sonst
der Gesetzeszweck verfehlt würde. Nur wenn ein Verwaltungsakt mit dem in der Präambel des einzelnen Gesetzes
definierten Zweck übereinstimmt, ist er rechtmäßig – und
wenn der Wortlaut der Einzelbestimmungen tausendfach
das Gegenteil vorzuschreiben scheint.

Grundsätzlich muß die Maxime gelten und notwendig
vorgeschrieben sein: Kein Gesetz erlassen, wenn es dafür
keinen zwingenden Grund gibt! In gleicher Weise muß
sich der Gesetzgeber verpflichtet fühlen, auf jeden Perfek-
tionismus zu verzichten. Dazu wird er um so eher bereit
und in der Lage sein, wenn Entscheidungsbefugnisse nach
unten verlagert werden und Kompetenzen in die Hand
derer gelangen, die zu materialer Bewertung der ent-

scheidungsbedürftigen Sachverhalte fähig sind. Dazu gehört die Gewährung von mehr Ermessensspielräumen für die Verwaltung. Dies ermöglicht auch die Zusammenführung der Verantwortung für komplexe Vorgänge in einer Hand.

Aus den bisherigen Programmpunkten folgt, daß die Überprüfung und Umgestaltung des positiven Rechts mit einer damit verschränkt zu organisierenden Neuordnung der Zuständigkeiten und der Beschränkung der einzelnen Politikbereiche zu verbinden ist.

Um es nochmals zu sagen: Es geht nicht darum, den Abbau der über das Ziel hinausschießenden Regelungen dazu zu mißbrauchen, die sozialen Leistungen zu Lasten der Schwachen zu vermindern, sondern die bürokratische Willkür, die sich aus unsinnigen Vorschriften ergibt und die immer zu Lasten der Schwachen geht, zu beenden.

Die in der Verteilung auf die einzelnen Ministerien sichtbar werdende heutige Gliederung der Staatsaufgaben ist vom Grundsatz her in Frage zu stellen. Es sollte ausreichen, daß die Kompetenzen der Bundesregierung sich auf die klassischen sechs Ressorts Außen-, Innen-, Finanz- und Wirtschafts-, Verteidigungs- und Rechtspolitik beschränken. In den Bundesländern würde es genügen, wenn es neben den Innen-, Wirtschafts- und Finanzministerien nur noch die Kultusministerien gäbe.

Damit wird nicht neuen »Mammut-Ministerien« das Wort geredet. Es würde hinreichen, wenn für die wegfallenden Ministerien dem sachlich nächststehenden Ressort jeweils ein Referat mit einem Ministerialrat und höchstens zwei weiteren Mitarbeitern des höheren Dienstes zugeordnet wären. Es versteht sich, daß die »bleibenden« Ministerien ebenfalls auf den Kernbereich ihrer Aufgaben zurückgeführt und in vergleichbarer Weise »verschlankt« werden müßten.

Zu den grundlegenden Maximen der künftigen Staatsorganisation gehört schließlich die Auflösung der mittleren Verwaltungsebenen mit ihrer »vorsorglichen« Überprüfung – und damit Entmündigung – der unteren Ebenen.

Sodann kommt es darauf an, die Staatsfinanzen in Ordnung zu bringen. Erforderlich ist eine Steuerreform, die sich nicht darin erschöpft, die Steuerzahler von diesem oder jenem Prozentpunkt der Abgabenlast zu befreien, sondern zunächst einmal Ordnung in den Wirrwarr des Steuersystems zu bringen.

Wichtigstes Ziel ist dabei, die Steuereinnahmen so zu verteilen, daß Bund, Länder und Gemeinden ihre Aufgaben erfüllen können, ohne dabei auf die »Hilfe« der »übergeordneten Instanzen« angewiesen zu sein. Dabei genügt es nicht, sich über eine Neuverteilung der Prozentanteile an einzelnen Steuerarten zwischen Bund und Ländern zu verständigen. Sondern die einzelnen Steuern müssen den verschiedenen Trägern der öffentlichen Aufgaben grundsätzlich und vollständig zugeordnet werden. Allein durch die Rückkehr zu diesem »Trennsystem« bei der Steuererhebung würde das ineffiziente und letztlich die Verantwortung bis zur Unkenntlichkeit auflösende System der »Mischfinanzierung« beendet. Und damit wäre es nicht nur z. B. mit dem dargestellten Immobilismus etwa im Hochschulbau vorbei, sondern zugleich würden gewaltige Ressourcen freigesetzt und der dringend erforderlicher Wettbewerb um die beste Infrastruktur zwischen den Ländern ermöglicht.

Daß ein solches System auch praktisch möglich ist, hat Dieter Puchta in einem Aufsatz über eine Vereinfachung unserer Finanzverfassung nachgewiesen: Da die Lohn- und Einkommensteuer, die Körperschaftsteuer und die Kapitalertragsteuern als »dynamische« Einkommensarten des Staates sinnvollerweise den Ländern zustehen sollten (die ihrerseits die Gemeinden mit einem festen Prozentsatz an ihren Steuereinnahmen zu beteiligen hätten), würde mit einer solchen Verteilung auch nahezu paßgerecht der – die Ausgaben des Staates bestimmenden – Kompetenzzuweisung entsprochen. Die dennoch erforderlichen Feinabstimmungen ließen sich mühelos über die Kompetenz zum Erlaß unterschiedlicher Hebesätze bei einzelnen Steuerarten vornehmen. Würden schließlich die nur mit hohem bürokratischem Aufwand beizutreibenden Bagatellsteuern gestrichen (und etwa durch eine die europäische Steuerharmonisierung sowieso fordernde Anhebung der Mehrwertsteuer kompensiert), käme es nicht nur zu einer drastischen Vereinfachung des Steuersystems, sondern auch zu der dringend erforderlichen Bereinigung im Dschungel staatlicher Zuständigkeiten.[17] Daß damit zugleich dank einfacherer Handhabung der Gesetze mehr Steuergerechtigkeit und dank größerer Übersichtlichkeit auch mehr Kontrollmöglichkeiten über die Staatsfinanzen für die Bürger entstünden, sei nur am Rande vermerkt.

Zur Verbesserung der Steuergerechtigkeit gehört auch, daß systemwidrige Mehrfachbesteuerungen aufhören, weil Steuern auf Erträge von Ersparnissen (die ja bereits der Einkommensbesteuerung unterzogen worden sind) dazu führen, daß entweder nicht gespart wird, so daß Mittel für Investitionen fehlen, durch die allein Arbeitsplätze geschaffen werden können, oder daß der Weg der Steuerhinterziehung und des illegalen Transfers von Einkommen ins Ausland beschritten wird. Auch das vernichtet naturgemäß Arbeitsplätze im Inland.

Unsere Vorstellungen zur Reform des Hochschulwesens haben wir bereits dargestellt (siehe Seite 202 ff.). Ein erstes Feld, auf dem die praktischen Konsequenzen der Verlagerung von Kompetenzen nach unten sichtbar werden könnten, wäre die Übertragung der Bauherreneigenschaft auf die jeweils »nutzende Verwaltung«. Welche schnellen und weitreichenden Einsparungen auf diese Weise zu erzielen sind, wurde ausführlich erläutert.

Auch für die Hochschulgesetzgebung muß gelten: »Weniger bedeutet mehr!« In allen politischen Lagern macht man sich Gedanken darüber, ob durch eine »Öffnungsklausel« im Hochschulrahmengesetz mehr Spielraum für konkurrierende Universitätsmodelle entstehen könnte. Die Verabredung der Kultusminister mit dem Bundesforschungsminister auf die Eckpunkte einer Reform des Hochschulrahmengesetzes im Sommer 1997 enthält neben einer Fülle neuer bürokratischer Steuerungselemente einige kleine Schritte in die richtige Richtung. Ein wirklicher Schub nach vorn kann aber nur dadurch bewirkt werden, daß sich der Bund durch Auflösung des Bundesforschungsministeriums und die ersatzlose Streichung der einschlägigen Rahmengesetze aus diesem Feld vollständig zurückzieht. Das würde natürlich – wie bereits bei der Behandlung der Steuerreformfrage dargestellt – voraussetzen, daß der Bund den Ländern durch die Neuverteilung der Steuereinnahmen die Mittel in die Hand gäbe, nicht nur den Hochschulbau aus eigener Kraft zu finanzieren, sondern auch die Forschungsförderung allein vorzunehmen.

Das wird so schnell nicht zu erreichen sein, setzt es doch die Streichung des Artikels 91b Grundgesetz über die »Gemeinschaftsaufgabe Bildungsplanung und Forschungsförderung« voraus. Bis es dazu kommt, bedarf es noch langjähriger Überzeugungsarbeit. Wir werden abwarten müssen, ob das Hochschulrahmengesetz tatsächlich Wege zu konkurrierenden Hochschulmodellen öffnet und ob die Länder bereit sein werden, durch marktorientierte Modelle den Beweis zu ermöglichen, daß weniger staatliche Reglementierung mehr Freiheit und Effizienz mit sich bringen.

Praktische Wege zu solcher Politik

Es liegt auf der Hand, daß damit ein Programm formuliert ist, gegen das sich tausend Bedenken erheben und vor allem die in ihren persönlichen Interessen Betroffenen in den politischen Parteien und in der Bürokratie zur Wehr setzen werden. Der Wegfall Hunderter von Ministerposten, die Begrenzung der Aufgaben der Ministerialbürokratie bei Gesetzgebung und Leistungsgewährung, die Beseitigung der Regierungspräsidien und Oberfinanzdirektionen, der Oberbergämter, Oberbauämter, Oberlandwirtschaftsämter, Landschaftsverbände, Bundes- und Landeszentralen – und was es dergleichen noch alles gibt – wird nicht kampflos, vielleicht auch gar nicht, gelingen. Darüber darf man sich keine Illusionen machen.

Das wäre nun allerdings auch eine Umgestaltung, die zur Zeit schon deshalb keine Aussicht auf politische Durchsetzung hat, weil vom gegenwärtigen System die berufliche Existenz riesiger Heere nicht nur von Beamten, sondern auch von Politikern abhängt, die zum überwiegenden Teil auf das Einkommen aus ihrem politischen Mandat angewiesen sind, da die meisten von ihnen in jungen Jahren »in die Politik« gegangen sind und keinen bürgerlichen Beruf haben. Die Forderung nach einem dramatischen Rückschnitt der politischen Ämter wird hier formuliert, um die generelle Richtung aufzuzeigen, in der gedacht werden muß, wenn wir aus dem gegenwärtigen Dilemma der Staatsverwaltung herausfinden wollen.

Trotz der Vergeblichkeit aller Appelle der Vergangenheit, es müßten sich mehr Bürger – und gerade die in ihrem Beruf erfolgreichen – in der Politik engagieren und sich für politische Ämter zur Verfügung stellen, wird dieser Aufruf hier wiederholt. Junge Leute, die in die Politik gehen, mögen an manchen Stellen zur Aufbrechung von Verkrustungen nützlich sein. Bei der Gestaltung der politischen Verhältnisse auf Erfahrung in Leben und Beruf zu verzichten ist töricht. Außerdem kann Opportunismus nicht ausbleiben, wo die freie Alternative, einmal nein zu sagen, schon aus Gründen der bürgerlichen Existenz nicht besteht. Die etablierten Parteien sind zu solcher Auffrischung offenbar schon deshalb nicht bereit, weil das

Kartell der (wenigen!) Parteimitglieder das Privileg der Kandidatenaufstellung für öffentliche Wahlen gut zu behaupten versteht.

Zu den Gründen für den Zusammenbruch des sozialistischen Systems, des Ostblocks, gehört u. a. auch der Umstand, daß sein politisches Führungspersonal sich offenbar verbraucht hatte. Haben wir im Westen nicht ähnliche Beobachtungen zu machen? Kann man den Eindruck haben, die Politiker unseres Landes gingen die Probleme unserer Zeit mit Elan und Tatkraft, mit Gestaltungswillen und Phantasie an? Die nicht einmal mehr verbal kaschierte Hilflosigkeit angesichts der Entwicklung des Arbeitsmarktes und der Staatsfinanzen, die Neigung, Probleme nicht anzupacken, sondern sie »auszusitzen« oder durch »kreative Buchführung« zu überdauern, beweisen zur Genüge, daß auch unser politisches Führungspersonal verbraucht ist.

Ob wir diesen Zustand überwinden können, wird mittel- und langfristig allein davon abhängen, ob die Bürger unseres Landes den Zustand unserer Staatsverwaltung als unveränderliches Fatum oder als verpflichtende Aufgabe begreifen. *Die Mühe um die richtige Gestaltung der Sozialverhältnisse ist in erster Linie eine geistige Aufgabe, die wir nicht in die Zuständigkeit der Politiker abschieben können, ohne dem Gesamten erheblichen Schaden zuzufügen.*

Was wir zu beklagen haben, ist Ausfluß mangelnden Engagements der Bürger für ihren demokratischen Staat. Ob also unsere Forderungen realisierbar sind und ob unser Staat und unsere Gesellschaft die ihnen möglichen

Zukunftschancen wahrnehmen, hängt nicht von dieser oder jener Partei, nicht von diesem oder jenem Politiker ab, sondern von uns allen, und das heißt vor allem: vom politischen Engagement jedes einzelnen von uns.

Anmerkungen

1 Liber ad Edict. – Digesten XLVII, X, 1 § 5
2 Konrad Adam, Die Ohnmacht der Macht, Berlin 1994, S. 68 f.
3 Biedenkopf, Einheit und Erneuerung, Stuttgart 1994, S. 293 ff.
4 Vgl. Hans und Marga Rall, Die Wittelsbacher in Lebensbildern, Regensburg 1986, S. 318
5 In der von der Wochenzeitung Die Zeit veranstalteten Diskussion zum seinerzeit vertagten »Bildungsgipfel« (einer gemeinsamen Beratung der Regierungschefs von Bund und Ländern zur Lösung von Problemen des Bildungswesens), in: »Die Zeit«, 17. September 1993, S. 62
6 Leipziger Chefdepesche, Abbau bürokratischer Hemmnisse – Wir brauchen einen schlankeren Staat, 2/95, S. 8
7 Vgl. zu diesem Fragenkreis Theodor Litt, Freiheit und Lebensordnung, Heidelberg 1962; dazu auch Peter Gutjahr-Löser, Theodor Litt und der West-Ost-Gegensatz, in: Gutjahr-Löser / Knütter / Rothenpieler (Hrsg.), Theodor Litt und die politische Bildung der Gegenwart, München 1981, S. 141 ff.
8 Ludwig Erhard, Wohlstand für alle, Düsseldorf 1957, S. 22 f.
9 Eindrucksvoll dazu: Heinz Otto Pleitgen und Hartmut Jürgens, Computerexperimente entzaubern komplexe Strukturen, in: Verhandlungen der Gesellschaft Deutscher Naturforscher und Ärzte: Ordnung und Chaos in der unbelebten und belebten Natur, Stuttgart 1989, S. 123 ff.
10 Das ist an sich naheliegend – wie fast alle großen Erkenntnisse nach ihrer Entdeckung trivial zu sein scheinen. Daß das genannte Phänomen so spät – nämlich erst in den achtziger Jahren – bekannt wurde, hängt mit einem erstaunlichen Vorgang zusammen: Lange Zeit hat man sich keine Gedanken darüber gemacht, was »Wissenschaft« eigentlich ist. Erst als Theodor Litt in seinem letzten Werk (Freiheit und Lebensordnung, Heidelberg 1962) klargestellt hatte, daß der marxistische Wissenschaftsbegriff nicht haltbar ist, weil Wissenschaft nicht »das Leben spiegelt« oder »getreulich und unverzerrt abbildet«, sondern daß Wissenschaft die Schöpfung einer anderen, kulturellen Welt bewirkt, war der Weg frei für die genannten Erkenntnisse in der Mathematik und den Naturwissenschaften; vgl. dazu Gutjahr-Löser, Theodor Litt und der West-Ost-Gegensatz, a. a. O., S. 144 ff.
11 Kerstin Deichmann, Süddeutsche Zeitung, 11./12. Februar 1995, M. und der Erfolg mit »typisch« westlichen Methoden, Beilage Bildung und Beruf, Seite V1/11
12 Thomas Straubhaar / Manfred Winz, Reform des Bildungswesens. Kontroverse Aspekte aus ökonomischer Sicht, Bern – Stuttgart – Wien 1992, S. 138
13 Zincgref, Apophthegmata, Straßburg 1626, S. 107
14 Werner Forßmann, Die Euthanasie als Problem der Medizin, in: Blaha, Forßmann, Gründel, Gutjahr-Löser, Niebler, Roxin (Hrsg.), Schutz des Lebens – Recht auf Tod, München 1978, S. 76
15 Hans Welzel, Naturrecht und materiale Gerechtigkeit, Göttingen 1962

16   vgl. Ulrich Scheuner, Was bleibt von der Staatslehre Theodor Litts?, in:
     Gutjahr-Löser / Knütter / Rothenpieler (Hrsg.), Theodor Litt und die Poli-
     tische Bildung der Gegenwart, München 1981, S. 175 ff.
17   Dieter Puchta, Mehr Autonomie für Länder und Gemeinden, Frankfurter
     Allgemeine Zeitung, 28. Juni 1997, S. 15

Die russische Herausforderung

Eine Prognose der Entwicklung Rußlands in den nächsten Jahrzehnten. Eine pak-kende Analyse des Ursprungs der Reich-tümer der »neuen Russen« und deren Auswirkung auf die »neue alte« Rolle einer Supermacht, die Rußland eines nicht fernen Tages wieder spielen wird.

Aufregende Lektüre für kritische Staatsbürger

Gutjahr-Lösers Diagnose und sein Therapie-Programm für den Staat sind eine aufregende Pflichtlektüre für jeden, dem das Gemein-schaftswohl am Herzen liegt.